中央法規

はじめに

....

　少子化が進んだ日本は今、世界的にもまれな人口減少社会となり、さまざまな分野が生き残りをかけた大きな変革の波にさらされています。

　教育の世界も例外ではありません。ICT（情報通信技術）の導入やプログラミング的思考力の育成が声高に叫ばれ、多様な個性をもった子どもたちに丁寧に向き合いつつ、激動の時代を生き抜く確かな力を伸ばすことが求められるようになってきました。ことに、人格形成の基盤となる保育・幼児教育はその存在意義が問い直され、今後ますます重要視されていくことは間違いありません。

　当然のことながら、その仕事に携わる保育者の資質にも世間の耳目が集まります。保育者はこれまで以上にその教養や人間性を問われることになるでしょう。

　さて、本書は、保育者としてぜひ知っておいてほしい用語や教養事項に加え、近年、現場から強い要望のある国語力、特に文章力を伸ばすことを目指して編纂しました。知識の習得に偏らないよう、毎回、人間的な思索を深めるためのヒントとなる「座右の言葉」も紹介しています。半期15回の授業（毎回、2Lessonずつ）、通年30回の授業のどちらでも使えるように、全部で30Lessonの構成となっています。

　幸いなことに、2018年の刊行以来大変なご好評をいただいており、保育学生のみならず幅広い層の方々にお使いいただけるようになってきましたため、今回、内容のさらなる充実を図り、改訂することといたしました。

　保育・幼児教育の仕事は、子どもたちの健やかな成長を支える大変責任の重い、尊い仕事です。本書で学ばれる皆さんはどうか自信と誇りをもってこの道を歩んでください。子どもたちとともに前へ進むことのできる立派な保育者となって、大いに活躍されますことを心から願っています。

　本書ができあがるまでには、出版社の編集担当者、イラストレーター、論作文の文例を書いてくれた小田原短期大学の学生の皆さん等、たくさんの方々にお力添えをいただきました。お世話になった皆様に厚く御礼申し上げます。

馬見塚昭久　大浦賢治

本書の使い方

　本書は、主として大学や短大、専門学校など、保育者養成校における教科書として作成しました。もちろん、個人的な学習のために入手した方にも有益な内容です。以下に本書の効果的な使い方をご提案いたします。

　各Lessonとも、❶保育の言葉150　❷言葉のエクササイズ　❸Let's 名文音読　❹文章作りのトレーニング　❺保育の蘊蓄あれこれ　◆学びを深める座右の言葉　という基本構成は同じです。

　❷の「言葉のエクササイズ」については、ページを進むにつれ多少難易度が上がっていきます。また、なるべく理解しやすいような順序で全体の配分をしていますが、すべてをページ順にやらなければならないというものではありません。皆さんの学校でも順番を入れ替えて学習するかもしれませんが、それは先生方のご配慮ですので、安心してください。

　なお、各項目の横に記した時間は、1Lesson90分としたときの配分案です。

❶ 保育の言葉150　　　　　　　　　　　　　　　　10分

　保育用語の習得が目的です。文例を読めば、用語の大まかな意味はわかるようになっていますが、詳しく知りたい人は各科目の教科書や辞典などで調べましょう。

　黙読ではなく音読をしてください。時間があれば（授業時間にできれば素晴らしいですが、家でも復習できますね）視写をして、用語の意味と使い方を習得しましょう。

❷ 言葉のエクササイズ　　　　　　　　　　　　　　10分

　より適切な言葉の使い方に慣れるためのレッスンで、日本語文法を中心に編成してあります。指示に従って課題に取り組んでください。これも時間があれば音読や視写をして、文章に慣れるようにしましょう。所々、4人の若者のストーリーが出てきます。皆さんもクラスメイトと登場人物を決めるなどして、お話作りをしながら学習すると楽しめると思います。

　なお、解答は巻末にまとめてあります。

　早く終わった人は、チャレンジ問題に挑戦しましょう。いずれも、「同音異義語」あるいは「同訓異字語」の組み合わせです。

❸ Let's 名文音読　　　　　　　　　　　　　　　　10分

　「音読」と聞くと、単純でつまらない学習に思えるかもしれませんが、そんなことはありません。文章を目で追って理解し、声に出し、耳で聞くという一連の作業を同時進行で

こなしていく、非常に高度で複雑な学習です。

　まず、先生の範読をしっかり聞きましょう。その次に自分で声に出して2回、3回と読みましょう。隣の人と読み合うのもよいでしょう。慣れてきたら、早口で読むことにもチャレンジしてください。皆で早読み競争するのも楽しいものです。脳がとても活性化します。

　もし興味のある文章に出会ったら、ぜひその作品全体を読んでみてください。なお、古い作品も掲載しているため、漢字や送り仮名の使い方が現代とは異なっている場合もありますが、あまり気にせずに読んでください。

④　文章作りのトレーニング　　　　　　　　30分

　400文字の小論文と作文を交互に出題しています。30分程度かけて、じっくりと書いてください。書きあがったら隣同士で読み合い、一言感想を記入し合いましょう。先生に別のお題を出していただくのもよいでしょう。なお、文例はあくまで「例」であって、お手本ではありません。書いてあることが正しいとも限りません。安易に真似をせず、皆さん独自の視点で展開してください。

⑤　保育の蘊蓄あれこれ　　　　　　　　　　20分

　保育者として知っておきたい基本的な教養事項をまとめてあります。読むだけの項目もありますが、なるべく体験・実践してほしいと思います。例えば、マナーや敬語などは、クラスメイトと役割分担し、声に出して練習するとよいでしょう。

学びを深める座右の言葉　　　　　　　　　　10分

　座右とは、自分のかたわら、すぐ近くのこと。いつも心の片隅に留めておく名言や格言を「座右の銘」といいます。筆者（馬見塚）は若い頃、作家・開高健の言葉、「悠々として急げ」によってずいぶん励まされました。

　ここでは古今東西の名言を紹介しています。月並みな言葉もありますが、ぜひ自分の身に置き換えてじっくり考えてみてください。必ず何かしら、よりよく生きるためのヒントが隠されています。

Column

　とかく難しいといわれる教育原理のエッセンスを、読みやすいエピソードなどを交えながらわかりやすく概説しています。Lessonの合間に読んで視野を広げましょう。

改訂 保育学生のための基礎学力演習
教養と国語力を伸ばす30Lesson

CONTENTS

Lessonの主な構成

❶保育の言葉150 　　❷言葉のエクササイズ 　　❸Let's 名文音読
❹文章作りのトレーニング 　❺保育の蘊蓄あれこれ

Column

Lesson

Lesson 1

1 保育の言葉150 ≫ 保育に関する基本事項

次の保育用語を適切に使えるようにしましょう。

また、文例を音読したり、視写したりして、使い方に慣れましょう。

（1） 保育所における**保育**は、養護および教育を一体的に行うことをその特性としている。

（2） 保育における**養護**とは、子どもの生命の保持および情緒の安定を図るために保育士等が行う援助やかかわりである。

（3） 保育における**教育**とは、子どもが健やかに成長し、その活動がより豊かに展開されるための発達の援助である。

（4） **生きる力**とは、知・徳・体のバランスの取れた力のことである。

（5） **領域**は、健康、人間関係、環境、言葉、表現の五つから構成されている。

＊保育所は、児童福祉法に基づく児童福祉施設です。

2 言葉のエクササイズ ≫ 文節

次の文は、いくつの文節でできているでしょうか。

答えるとともに、ノートに視写しましょう。　　　　➡解答はP.141

（1） 雅子_{まさこ}がコーヒーを飲んだ。
（2） 文枝_{ふみえ}も熱い紅茶を飲んだ。
（3） いま二人は都内のカフェにいる。
（4） 雅子と文枝は仲がよい。
（5） 二人はキラキラこども園の同級生で家も近い。
（6） 二人は素敵な保育者を目指して頑張っている。

＊文節は、自然な発音によって区切ることのできる言葉の最小単位です。「ネ」や「サ」、「ヨ」を使って区切ることができます。

例 雅子がネ、コーヒーをネ、飲んだヨ。

チャレンジ問題 （　　）内の平仮名を正しい漢字に直しましょう。

①保護者（いがい）は入室禁止だ。　　　②事件は（いがい）な展開となった。

③今年は（いじょう）気象だ。　　　　　④肺に（いじょう）がある。

⑤アンケートの質問に（かいとう）する。　⑥試験問題の（かいとう）。

---

③　Let's 名文音読

次は、ある小説の抜粋です。音読しましょう。

『坊っちゃん』　夏目漱石

　親譲りの無鉄砲で小供の時から損ばかりしている。小学校に居る時分学校の二階から飛び降りて一週間ほど腰を抜かした事がある。なぜそんな無闇をしたと聞く人があるかも知れぬ。別段深い理由でもない。新築の二階から首を出していたら、同級生の一人が冗談に、いくら威張っても、そこから飛び降りる事は出来まい。弱虫やーい。と囃したからである。小使に負ぶさって帰って来た時、おやじが大きな眼をして二階ぐらいから飛び降りて腰を抜かす奴があるかと云ったから、この次は抜かさずに飛んで見せますと答えた。

＊本書には古い作品も掲載しているため、漢字や送り仮名の使い方が現代とは異なっている部分があります。次のLesson以降も同様です。

---

④　文章作りのトレーニング ≫ 小論文

論題「ラーメンとうどんでは、どちらが魅力的か」（400字以内）

文例

　ラーメンのほうが魅力的である。なぜなら、ラーメンには数多くの味付けやスープの濃さ、麺の柔らかさがあるため自分の好みに合ったラーメンを見つける楽しみや、そのときの体調に合わせて選べる選択肢が多くあるためである。

　例えば、体が疲れているときには元気の出るにんにく入りのラーメンにするとよい。麺は消化のよい柔らかめが好ましい。にんにくの入ったスープを飲むことで体が温まり、心も落ち着き、満腹感も得ることができる。

　　また、ラーメンは全国各地にお店があるため、好みのラーメンの味を求めて「ラーメン巡り」をするという楽しみ方もある。自分のお気に入りのラーメン店を友人とおすすめし合うことも楽しみの一つである。

　　一方、うどんにもさまざまな種類があるようだが、どれも和風で基本的には同じような味付けだ。ラーメンほどには味の違いを楽しめない。

　　以上のことから、私はうどんよりもラーメンのほうが魅力的であると考える。

（Y.S.）

＊本書の小論文は、自分の考えを論理的に記述するための訓練として課しています。主張していることが正しいか正しくないか、あまり問題にはしていません。うどんにもたくさんの魅力があることをお断りしておきます。

⑤　保育の蘊蓄あれこれ　≫ 作文・小論文の書き方

　　保育者は、指導案の作成や保護者へのお便り等、文章を書く機会が多いため、自分なりの意見を相手にわかりやすく伝える文章力を鍛えておく必要があります。そこで、本書では毎回、作文あるいは小論文を書く練習をします。

　　「作文」は、あるテーマについて、主として自分自身の体験に基づく感想を書くものです。小中学校の作文で、「それで結局、あなた自身はどう思うのですか」などと先生からコメントをいただいたことはないでしょうか。自分の内面、気持ちを書くことが目的ですから、一般的な説明や評論的なことだけを書いたのでは作文として不十分です。最後まで自分の心を見失わずに書くのが作文です。

　　それに対して、「小論文」は、あるテーマについて、自分なりの主張を事実に基づいて説明するものです。小中学校で、「意見作文」として教わったものに近いと考えてください。したがって、作文のように、「私はこう思った」「こう感じた」では小論文になりません。根拠や理由を示し、理詰めで相手を納得させようとするのが小論文です。

　　作文・小論文の書き方について、さまざまなノウハウが流布していますが、私はこれまでの指導経験上、特に次の四つが重要だと考えています。

構想を練ってから書く

　　原稿用紙を配付すると、すぐに書き始める人がいて驚くことがあります。しかし、特殊な才能をもった人は別として、よく考えずに書かれた作文は一般的なことしか書かれていないことが多く、読んでいて面白味がありません。

　　与えられたテーマについて、どのような話題をどのような順序で展開していくのか、そして結論として何を主張するのか。読み手を意識してじっくりと考えるならば、構想

に10分や15分は必要でしょう。用紙の裏にウェビングマップを描くなどして、よく練ってから書くようにしましょう。

三段か四段構成で

作文の場合はやはり、「起・承・転・結」の四段構成がおすすめです。「起」…話題を提示する、「承」…話題に沿って内容を書く、「転」…視点を変えて述べる、「結」…まとめを書くという展開です。

小論文の場合は、「序論・本論・結論」の三段構成が基本となります。「序論」…問題を提起する、「本論」…意見を述べ根拠を示す、「結論」…意見をまとめる、の三段です。結論の前に、「反論」…別の意見を紹介し反論する、を加えて四段とすることもあります。なお、起承転結を時代遅れだとする説もありますが、皆さんはまず、これらの基本型をしっかりと習得してください。

「私は」を多用しない

文末は常体（だ、である調）で統一し、歯切れよく、すっきりとした読みやすい文章を心がけましょう。例えば、文中に「私は」を多用した文章は、かえって読みにくくなります。特に冒頭が、「私は」で始まる文章の多くは、稚拙で内容も陳腐です。名文をたくさん音読するなどして、よい文章のリズムを体得するのが近道です。

前後の整合性を確かめる

序論で、「少子化対策はどうあるべきか」という問題提起をしたのに、「保育の勉強を頑張りたい」という個人的な決意を結論にしてしまうなど、論理がねじれて、飛躍してしまった文章を目にすることがあります。これは、構想の段階でよく練っておらず、思いつくままに書き連ねたためです。書き始める前にも書いた後にも、前後でつじつまが合っているか確かめましょう。

＊実際に保育現場で作成する文章の多くは、「作文」か「小論文」かを厳密に意識して書いているわけではありません。感情や感動を伝えるのに適した「作文」と、読み手にわかりやすく伝えるのに適した「小論文」の技術をミックスして、あなたらしい文章スタイルを身につけましょう。

学びを深める座右の言葉

「和顔愛語」
（わがんあいご）

和顔愛語とは、穏やかな笑顔と親しげな言葉かけ。何はなくともすぐに始められる、人間関係作りの基本です。
「座右」とは、自分のかたわら、すぐ近くのこと。いつも心の片隅に留めておきたい名言や格言を、「座右の言葉（銘）」といいます。人生をよりよく生きるための示唆を与えてくれるものがたくさんあります。

Lesson2

① 保育の言葉150 》5領域

次の保育用語を適切に使えるようにしましょう。
また、文例を音読したり、視写したりして、使い方に慣れましょう。

- （1） 領域「**健康**」では健康な心と体を育て、自ら健康で安全な生活を作り出す力を養うことを目的としている。
- （2） 領域「**人間関係**」では自立心を育て、人とかかわる力を養うことを目的としている。
- （3） 領域「**環境**」では周囲のさまざまな環境に好奇心や探究心をもってかかわり、それらを生活に取り入れていこうとする力を養うことを目的としている。
- （4） 領域「**言葉**」では言葉に対する感覚や表現力を養うことを目的としている。
- （5） 領域「**表現**」では感じたことなどを表現して、豊かな感性や表現力を養うことを目的としている。

＊保育所や幼稚園では5領域を意識した子どもへのかかわりが求められます。

② 言葉のエクササイズ 》主語と述語

次の文の主語と述語はどれでしょう。
答えるとともに、ノートに視写しましょう。　　　　　　➡解答はP.141

- （1） キラキラこども園に梅の花が咲いた。
- （2） 雅子がめずらしく小説を読んだ。
- （3） 音楽好きの二人はよくコンサートに出かける。
- （4） 文枝の美しく長い指が鍵盤の上で踊った。
- （5） 雅子は毎日、ウクレレの練習を欠かさない。

＊文の中で、「だれ（何）が」にあたる文節を主語といい、「どうする（どんなだ）」にあたる文節を述語といいます。

チャレンジ問題 （　　）内の平仮名を正しい漢字に直しましょう。

①園庭を（かいほう）する。　　　　②人質を（かいほう）する。

③幼稚園の（かてい）を修了する。　④人類の進化の（かてい）を学ぶ。

⑤感染対策には（かんき）が重要だ。　⑥注意を（かんき）する。

③　Let's 名文音読

次は、ある小説の抜粋です。音読しましょう。

『千曲川のスケッチ』［青麦の熟する時］　島崎藤村

　学校の小使は面白い男で、私に種々（いろいろ）な話をしてくれる。この男は小使のかたわら、自分の家では小作を作っている。それは主に年老いた父と、弟とがやっている。純小作人の家族だ。学校の日課が終って、小使が教室々々の掃除をする頃には、頬の紅い彼の妻が子供を背負（おぶ）ってやって来て、夫の手伝いをすることもある。学校の教師仲間の家でも、いくらか畠のあるところへは、この男が行って野菜の手入をして遣（や）る。校長の家では毎年可成（かなり）な農家ほどに野菜を作った。燕麦（からすむぎ）なども作った。休みの時間に成ると、私はこの小使をつかまえては、耕作の話を聞いてみる。

　私達の教員室は旧士族の屋敷跡に近くて、松林を隔てて深い谷底を流れる千曲川（ちくまがわ）の音を聞くことが出来る。その部屋はある教室の階上にあたって、一方に幹事室、一方に校長室と接して、二階の一隅（ぐう）を占めている。窓は四つある。その一方の窓からは、群立した松林、校長の家の草屋根などが見える。一方の窓からは、起伏した浅い谷、桑畠（くわばたけ）、竹藪（たけやぶ）などが見える。遠い山々の一部分も望まれる。

　粗末ではあるが眺望（ちょうぼう）の好い、その窓の一つに倚（よ）りながら、私は小使から六月の豆蒔（まめまき）の労苦を聞いた。地を鋤（す）くもの、豆を蒔（ま）くもの、肥料を施すもの、土をかけるもの、こう四人でやるが、土は焼けて火のように成っている、素足で豆蒔は出来かねる、草鞋（わらじ）を穿（は）いて漸（ようや）くそれをやるという。小使は又、麦作の話をしてくれた。麦一ツカ──九十坪に、粉糠（こぬか）一斗の肥料を要するとか。それには大麦の殻と、刈草とを腐らして、粉糠を混ぜて、麦畠（ばたけ）に撒（ま）くという。麦は矢張小作の年貢（ねんぐ）の中に入って、夏の豆、蕎麦（そば）なぞが百姓の利得に成るとのことであった。

　南風が吹けば浅間山の雪が溶け、西風が吹けば畠の青麦が熟する。これは小使の私に話したことだ。そう言えば、なまぬるい、微（かすか）な西風が私達の顔を撫（な）でて、窓の外を通る時候に成って来た。

④ 文章作りのトレーニング ≫ 作文

題名「私という人間」（400字以内）

．．．

文例

　人からよく、「元気だね」とか、「明るいね」と言われる。確かに自分でも、元気で明るい性格だと実感している。

　なぜこんなに元気なのだろうか。まず考えられるのは、長年バスケットボールをやってきたことである。練習や試合を通して、この前向きな性格が作られたのだと思う。また、笑顔というものを常に心の中心において行動していることも一因かもしれない。

　だがその反面、面倒なことはしたくないと思うことがある。特に授業で課題などが出されると元気がなくなってしまい、期日までに出せるか不安になる。そこで最近では、早め早めに終わらせるように自分を励ましている。先日は早くやりすぎて、どこにしまったのかわからなくなってしまった。

　元気すぎてうるさがられることもあるが、どこへ行っても、「自分らしく」ということを忘れないようにしている。明るく元気に毎日を過ごし、周りの人と笑顔で楽しく過ごしていきたい。私はそういう人間だ。

(S.A.)

⑤ 保育の蘊蓄あれこれ ≫ 基本的なマナー

　マナーを守ることは、社会のなかで円滑な人間関係を構築するために大切です。イラストを参考にしながら、お辞儀や挨拶の仕方を練習しましょう。

お辞儀をするときのポイント

　お辞儀にも種類があります。どのような場面にどのようなお辞儀をするとよいのか、確認しておきましょう。

挨拶するときのポイント

- 常に保育者であることを自覚して人と接する。
- 明るく元気に相手の目もとを見て挨拶する。
- 手を重ねる場合は左手を右手の上にする。

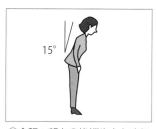

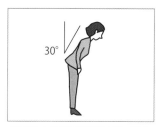

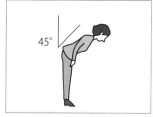

①会釈：朝夕の挨拶や人とすれ違うときなどの場合

②敬礼：来客の対応など一般的な場合

③最敬礼：お見送りをするときや深く敬意を表すときなどの場合

約束の時間と場所を守る

- 時間と場所を両者の間で相談して決める。

- 決められた日時に決められた場所にいる。

- 万が一、交通機関の遅延などの事情が生じて約束の時間に間に合わないときは、なるべく早めに連絡をして到着予定時刻や日時、場所の変更などを相談する。

言葉遣いに気をつける

- 目上の人や保護者など、相手の立場を考えながら言葉がけをする。

- 状況に応じて正しい敬語を使い分ける。

身だしなみに気をつける

- 身だしなみを整える。

- いつも清潔を心がける。

　ただし、教室や電車の中など公共の場でのお化粧は周囲の人を不愉快にする迷惑行為ですので、くれぐれも慎みましょう。なお、イギリスには「服装は人格を宣言する」という格言があります。

学びを深める座右の言葉

「積小為大」
（二宮尊徳）

- -

二宮尊徳は、江戸時代末期の農政家。薪を背負って歩きながら本を読んでいる姿が有名ですね（※皆さんが勉強熱心なのはわかりますが、真似してはいけませんよ。歩き読みや歩きスマホは危険です！）。この言葉は、「塵も積れば山となる」や「雨垂れ石をも穿つ」と似ていますが、もっと積極的な意味をもっています。つまり、人は大きな目標をもつべきで、その達成のために、小さな努力を地道に積み重ねていかなければならないということを示しています。皆さんの「大」と「小」は定まっていますか。

Lesson3

1 保育の言葉150 » 子どもの育ち①

次の保育用語を適切に使えるようにしましょう。

また、文例を音読したり、視写したりして、使い方に慣れましょう。

- （1） 6か月未満の運動機能の一つとして、**首すわり**がある。
- （2） 「マンマン」、「バブバブ」など、乳児が**喃語**を発声するようになる。
- （3） **哺乳反射**とは、口に入ってきたものに強く吸いつく原始反射の一種である。
- （4） 大きな音を立てると、赤ちゃんは両手を広げて何かに抱きつこうとする。これを**モロー反射**という。
- （5） 新生児の目の前で舌の出し入れをすると、その子どもも同じような動作をするが、これを**共鳴動作**という。

＊子どもの発達には連続性や規則性などがあります。

2 言葉のエクササイズ » 修飾語

次の文の波線部が修飾している文節に線を引きましょう。

また、文をノートに視写しましょう。　　　　　　　　　　　➡解答はP.141

- （1） 直樹が古い自転車をこいだ。
- （2） 収も自転車で海辺へ向かった。
- （3） 今日、直樹には悲しい出来事があった。
- （4） 約束の時間に、彼女が現われなかったのだ。
- （5） 二人は時々海辺に来る。
- （6） 直樹が海に向かって大きく叫んだ。
- （7） 赤い夕日がとても美しい。

> **チャレンジ問題** （　）内の平仮名を正しい漢字に直しましょう。
>
> ①観葉植物を（かんしょう）する。　　②家庭内の問題に（かんしょう）する。
> ③名画を（かんしょう）する。　　　　④立派な行動に（かんしん）した。
> ⑤子どもの様子に（かんしん）を寄せる。

③ Let's 名文音読

次は、ある小説の抜粋です。音読しましょう。

『葡萄が目にしみる』　林真理子

　まず中指が染まる。

　そして次は人さし指、そしてくすり指。

　"ジベ"といわれる作業を三日もする頃には、両手の指は薬液によってすっかり薄桃色に染まる。

　初夏の頃、こうした指をした子どもは、たいていこのへんの葡萄農家の子どもだと思っていい。

　乃里子はなにかの目印のような、このピンクの指をあまり好きになれなかった。石鹸で何度洗っても色素はしつこく残る。特に爪に入り込むと、安物のマニキュアのような色はいつまでもとれないのだ。

　種なし葡萄をつくるために、この町の人間はみんなこんな手にならなくてはならない。やっと実のかたちができ始める早い時期に、葡萄は一房、一房、特殊な液に浸される。プラスチックのコップに、ジベ液をたっぷりと満たし、その中で葡萄の房を軽く揺らす。すると小さな泡がわきあがって、まるで魔法のように実の中の種を消してしまうのだ。

　種がある葡萄の方がずっとおいしいのにと乃里子は思う。そもそもここいらの人間は、葡萄を食べる時に決して種をはき出したりしないのだ。盲腸になるからといって、神経質に種をひと粒ずつ取り除く遠くから来た人々を、内心、乃里子は軽蔑していた。

　遠くというのは、このあたりでは東京のことをさす。夏の終りから秋にかけて、山ひとつ越えた街からいつもたくさんの人々が、この葡萄園がある町にやってくる。

　小型車には、たいてい生意気そうな目つきの子どもたちと、必ずみやげの葡萄を値切る母親が乗っている。

4 文章作りのトレーニング 》小論文

論題「ペットボトルと缶ボトルでは、どちらが好ましいか（コーヒーを入れるものと仮定します）」（400字以内）

・・

文例

　コーヒー飲料の容器は、ペットボトルより、缶ボトルのほうがよいと考える。その理由は三つある。

　一つ目は、保温性がよいということだ。コーヒー飲料の容器に保温性は欠かせない。ペットボトルより缶ボトルのほうが保温性がよいという科学的な根拠は不明だが、しっかりとした金属でできているという安心感から温かみを感じることができるのである。

　二つ目は、デザインがよいということだ。缶ボトルは、ペットボトルのようにペコペコしておらず、硬くずんぐりとしているため安心感がある。またキャップも、ペットボトルのものは小さくて扱いにくいが、缶のものは大きいので女性の手でも確実に締めることができる。

　三つ目は、匂い移りしないということだ。ペットボトルには、独特のプラスチック臭があるが、缶ボトルなら匂いもなく、おいしく飲むことができる。

　以上のようなことから、コーヒー飲料の容器は、ペットボトルより缶ボトルのほうがよいといえる。

（N.I.）

＊小論文の場合、まず先に結論を書くとよいでしょう。その後、根拠をいくつかに分けて説明し、最後にもう一度結論を述べるとわかりやすくなります。

 5 保育の蘊蓄あれこれ 》平仮名と片仮名

　文字を体系的に学ぶのは小学校に入学してからですが、子どもたちは園生活のさまざまな場面で文字に親しんでいます。特に文字の便利さを知ってからは、先生が文字を書くところを注意深く見ていたり、友だちに手紙を出したくて見よう見まねで書いたりするようになり、いつのまにか読み書きができるようになっていることがあります。

　これは遊びを通して学ぶという意味では理想的ですが、悪い癖が身についてしまう危険性もはらんでいます。もし、保育者がいい加減な文字を書いていたら、子どもたちも

それを忠実に真似して、いい加減な文字を書くようになってしまいます。保育者は、正しい筆順と字形を身につけておかなければなりません。丸文字や右肩下がりなど、極端な癖字は早めに直しておきましょう。

　皆さんは平仮名と片仮名を正しく書けるでしょうか。簡単なようですが、筆順、字形ともに正しく書くことは案外難しいものです。ちなみに、平仮名の「り」と片仮名の「リ」を黒板に書いてみましょう。

　ご存知のように、平仮名は漢字の草書体を崩して作ったもの、片仮名は漢字の一部を取って作ったものです。活字（教科書体）をよく見ると微妙な違いがあることに気づくでしょう。大して違わないようですが、これはどうでもよいことではなく、文字そのものの起源による決定的な違いです。

　筆順についても確かめてみましょう。平仮名の「も」と片仮名の「モ」を書いてみてください。縦が先でしょうか、横が先でしょうか。片仮名の「ヒ」も書いてみましょう。縦が先でしょうか、横が先でしょうか。横棒は左から右でしょうか、右から左でしょうか。

○平仮名と片仮名

　平仮名は、左側に「はね」があります。片仮名は、左側の書き始めより右側の書き始めのほうが高くなっています。

○筆順

　「も」のもとの漢字は「毛」ですが、運筆の流れをよくするため、「し」を先に書くことになっています。また、子どもは「か」と「や」の違いがよくわからず、筆順も同じにしてしまうことがよくあります。

○字形

 のように二画目と三画目を続けるのは間違いです。二画目をしっかりとはね
てから、三画目を書きます。

正しくは、

 です。 も同様です。

また逆に、

 の一画目と二画目は、 と続けて書くことになっています。

ノートに、平仮名と片仮名をすべて書いてみましょう。
なお、小学校学習指導要領に示されている漢字の別表は、一般的な明朝体ではなく、教科
書体です。平仮名、片仮名とも、この「教科書体」をお手本にしましょう。

学びを深める座右の言葉

「人の己を知らざるを患えず、人を知らざるを患う」

(孔子『論語』)

他人が自分を認めないことを心配せず、自分が他人を認めないことを心配せよ、という孔子の言葉。
自分が周囲の人からどう思われているかを気にするよりも、自分が周囲の人のことをどれだけ認め、
評価しているかが大切だということです。

教育の原理
―語源からひもとく―

子どもは幼くてもそれぞれに個性があり、興味・関心も多様で、一人ひとりが潜在的な可能性を有しています。周囲の大人（保護者、保育・教育者）には子どもに潜んでいる可能性を引き出しながら、子どもの発達を支援していくことが求められています。そこでここでは、「子どもの可能性を引き出す」という教育の原理について、言葉の語源から考えていきましょう。

educationの語源

英語のeducationの訳語である、「教育」という言葉は明治期に入ってから日本でも使われるようになりました。educationという言葉の源は、ラテン語のeducatio（エデュカシオ）まで遡ります。educatio には educere と educare という動詞があり、educereは、「産婆が子どもを引き出す」ことを意味し、educareは、「乳母が乳児を養う」ことを意味します。し

たがって、語源からみると、教育という言葉は、子どもの潜在的な能力を引き出していくとともに、幼い子どもをケア（care）していくという二つの側面を有していることがうかがえます。

学校教育制度が整備され、体系化されていくなかで、教育の現場では、「引き出す」という意味での「教育」に重点が置かれるようになっていきました。

保育の語源

他方「保育」の英訳は、"early childhood education and care" ですので、教育と同等の比重が「ケア」にも置かれています。ここからも、保育者には子ども一人ひとりの発達段階に即したケアを提供するという、福祉的な役割も求められていることがうかがえます。「ケア」という言葉には「（相手や対象のために）心をくだく」という意味があり、educareの核心はそこにあると考えられています[*]。

保育・教育の現場において、子どもたちの抱える課題（不登校、いじめ、経済・教育格差の拡大など）が多様化するなか、個別の愛情やケアを必要とする子どももいます。したがって、教育者には集団保育・教育の場においても子ども一人ひとりのニーズや課題に寄り添いつつ、子どもの発達を支援していくことが求められているのです。

---

[*] 福元真由美編『はじめての子ども教育原理』有斐閣ストゥディア, pp.2〜4, 2017.

Lesson4

1 保育の言葉150 » 子どもの育ち②

次の保育用語を適切に使えるようにしましょう。

また、文例を音読したり、視写したりして、使い方に慣れましょう。

・・

（1）「ワンワン　アッチ」、「ブーブー　キタ」などのように2語で表現される言葉を**二語文**という。

（2）子どもは弟や妹ができると、時折寂しさから**退行現象**を見せることがある。

（3）10か月頃になると、幼児は母親が**指さし**した方向に視線を向けるようになる。

（4）母親が指さしたモノに幼児が目を向けたとき、**三項関係**が成立したことになる。

（5）アレをしたいが、そうするとコレができないと悩む心の状態のことを**葛藤**という。

＊退行現象とは、幼児が赤ん坊のようにふるまうことです。

＊「葛」という漢字を「葛」と習った人がいるかもしれません。「葛」は「葛」の異体字で、どちらも正しい文字です。現在主流のパソコンソフトは、2004（平成16）年に改正された「JIS漢字コード表」に基づいているため、「葛」の文字しか表示されません。

2 言葉のエクササイズ » 指示語

次の波線部が指示する語句や文に線を引きなさい。

また、文章をノートに視写しましょう。　　　　　　　　➡ 解答はP.141

＊「語」とは単語のことであり、「句」とは二つ以上の「語」からなるまとまりのこと。「語句」とは、修飾・被修飾の関係でつながっている言葉の一まとまりのことです。

　例　激しい波音が響き渡った。それは直樹の心の叫びだ。

・・

（1）5時の鐘が鳴った。それは帰宅を促す合図だ。

（2）写真の中ほどで小さな男の子が笑っているのが見えますか。これは3歳頃の直樹です。

（3）収はこう言った。「彼女のことなんか忘れろ！」

（4）明日から一人で登校しろと言うのか。そんな無茶を言われても困るよ。

（5）公園の奥にベンチがありますね。収は<u>あそこ</u>でよく昼寝をしています。

チャレンジ問題（　）内の平仮名を正しい漢字に直しましょう。

①生存（きょうそう）が激しい。　　　②障害物（きょうそう）に出場した。

③事態を（しゅうしゅう）させる。　　④ゴミを（しゅうしゅう）する。

⑤（しんちょう）に行動しよう。　　　⑥意味（しんちょう）な言葉。

③ Let's 名文音読

次は、ある小説の抜粋です。音読しましょう。

『天使の卵　エンジェルス・エッグ』　村山由佳

「最初の機会で恋を感じないなら、恋というものはないだろう」と言ったのは、イギリスの劇作家マーローだ。

はじめてそのひとに出会ったのは、春もまだ浅いころ……池袋へと向かう西武線の中だった。僕は、入学の手続きをとりに出かけようとしていた。大学にではない。予備校にだ。

二月に受験した三つの大学に、僕はもののみごとにふられていた。美大を二校と、普通の大学を一校。最後までどちらか一方に絞り込むことができなかった、その迷いが敗因だということは、進路指導の先生に言われるまでもなく、自分が一番よくわかっていた。

大泉学園駅のプラットホームにすべり込んできた電車には、空いている席は数える程しかなかった。ドアが両側に開くのを待ち切れずに、ホームにいた客が殺到する。彼らが椅子取りゲームのようにして席を奪い合うのを横目で見ながら、僕は、一番あとから乗り込んだ。よどんだ空気がむっと顔に押し寄せて、思わず立ちすくむ。背中で、再びドアが合わさる。

三月二十六日金曜日、午前七時五十分。

電車は、腰を上げるのもおっくうでならないリウマチの老人のように、きしみながらゆっくりと動き出した。

ドアに寄りかかる。

五月半ばと錯覚するほど、朝から暖かい日だった。学校は昨日から春休みに入っていたが、大人たちにはそんな結構なものは用意されていないらしく、通勤電車はすでに満員の一歩手前だった。小さく四つにたたんだスポーツ新聞を読ん

でいる中年の男もいれば、車内の吊り広告を口をあけて見あげている若い営業マン風の男もいる。眠り込んで隣のOLに寄りかかり、露骨に嫌な顔をされているのは、脂ぎった肥満体の男だ。

　息が詰まりそうになってくる。空気が悪いせいだけではなかった。

④ 文章作りのトレーニング ≫ 作文

題名「私の町」（400字以内）

文例

　伊豆半島の北東に位置する伊東市。海に臨むこの温泉町で、私は生まれ育った。自然豊かで水も空気もおいしい素敵な町である。

　振り返れば、緑豊かな小室山でのピクニック、花火大会や海水浴、バーベキュー、山歩きと紅葉狩り、温泉三昧など、たくさんの思い出が残っている。

　中高校生の頃は、映画館もない、おしゃれな洋服屋もない不便な町だと感じていたが、最近、この町の魅力を再発見した。今から400年ほど前、ある英国人が活躍したのである。ウイリアム・アダムス、日本名を三浦按針という。彼は東洋遠征艦隊の航海長だったが、船が九州に漂着してしまう。その後、徳川家康に見込まれ、この町で日本初の洋式帆船を作った。伊東市では毎年、彼を偲んで「按針祭」を開催し、約１万発の花火を打ち上げている。

　そういえば、黒船のペリーが来航した下田もここからすぐ近くだ。町の歴史を知るにつれ、私はこの町がますます好きになりつつある。

（N.H.）

⑤　保育の蘊蓄あれこれ ≫ 尊敬語①

　保育者として働くようになると、たとえ学校を出たばかりの人でも、「先生」と呼ばれます。もちろん、子どもたちより先に生まれたから「先生」なのではありません。「学徳のすぐれた人」（広辞苑）だから「先生」なのです。言葉遣いも学生時代のようなわけにはいかず、品位ある言葉を適切に使うことが求められます。

　本書では３回に分けて敬語について学びます。敬語は相互尊重の精神に基づいた言葉であり、自己表現のツールです。適切に使うことにより、よりよい人間関係を作り、仕事を円滑に進めることができるようになります。

　「尊敬語」とは、相手側または第三者の行為・ものごと・状態などについて、その人物を立てて述べるときの言葉です。例文を繰り返し声に出して読み、自分のものにしてしまいましょう。

＊敬語についての基本的な考え方は、「敬語の指針」（文化審議会答申、平成19年）に詳しく示されています。本書はこれを尊重していますが、学習の便宜のために独自の区分も取り入れていることをお断りしておきます。

尊敬語の主な動詞

　尊敬の意味をもつ特別な動詞を使う場合や、「お（ご）〜になる」「〜（ら）れる」の形をとるものなどがあります。

①　尊敬の意味をもつ特別な動詞を使う場合

- 園長先生は来月、視察のため北欧へ行きます。

　⇒園長先生は来月、視察のため北欧へ<u>いらっしゃいます</u>（おいでになります）。

＊「行く」は普通の動詞ですが、これを「いらっしゃる」や「おいでになる」等、尊敬の意味をもつ動詞に言い換えることで、相手を高めることができます。

- 来る⇒いらっしゃる、おいでになる

　例　今日は自治会長の○○様がおいでになります。

- いる⇒いらっしゃる、おいでになる

　例　○○先生は園庭にいらっしゃいます。

- する⇒なさる

　例　○○先生が卒業なさったのは□□小学校です。

- 食べる⇒召し上がる

　例　今日、理事長は子どもたちと一緒に召し上がるそうです。

- 言う⇒おっしゃる

　例　○○先生がそのようにおっしゃいました。

- くれる⇒くださる

  例　園長先生がお心づけをくださいました。

- 知っている⇒ご存知である

  例　そのことは園長先生もよくご存知です。

② 「お（ご）～になる」「～（ら）れる」「お（ご）～なさる」の形

- 園長先生が新聞を読む。

  ⇒園長先生が新聞を<u>お読みになる</u>（読まれる）。

- 聞く⇒お聞きになる、聞かれる

- 会う⇒お会いになる、会われる

- 待つ⇒お待ちになる、待たれる

- 帰る⇒お帰りになる、帰られる

- 飲む⇒お飲みになる、飲まれる

- 利用する⇒ご利用になる、利用される、ご利用なさる

- 出席する⇒ご出席になる、出席される、ご出席なさる

＊便利な使い方ですが、慣習上、この形にできない動詞もあります（例「死ぬ」→×「お死にになる」「運転する」→×「ご運転になる」　それぞれ、「お亡くなりになる」「運転なさる」等と言い換えるのが普通です）。また、「お（ご）～なさる」の形は、サ行変格活用の動詞（「～する」の形）についてのみ作ることができます。

学びを深める座右の言葉

「挨拶」
（あいさつ）

生半可な、形式的な挨拶をしていませんか。実は、「挨」も「拶」も、相手にせまるという意味。この言葉はもともと禅語で、相手の悟りの境地を確かめる命がけの問答でした。相手の心に届くような挨拶ができるといいですね。

Column 2

すべての子どもに教育を
—ペスタロッチの実践より—

　教育はすべての人、そしてすべての子どもの可能性を引き出し、伸ばす手段となります。ヨーロッパでは16世紀に入ると、市民革命が起こり、近代市民社会の時代が到来します。その頃に至ると、ルネッサンス（14世紀から16世紀にかけて、イタリアをはじめとしてヨーロッパに広がった文化的活動）運動による近代的な人権思想が高まり、すべての子どもには、自由と平等の権利があることを踏まえ、コメニウスやルソー、ペスタロッチなどが、教育はその権利を行使していくうえでも必要であることを唱えました。

　ここでは、「民衆教育の父」と称されたスイスのペスタロッチ（Pestalozzi, J.H., 1746-1827）の教育観についてみてみましょう。

　ペスタロッチは、その著作『隠者の夕暮』

家庭環境に恵まれない子どもや孤児たちの生きる力を育むことに生涯を捧げた教育実践家、ペスタロッチ。

（1780年）において、「玉座の上にあっても木の葉の屋根の蔭に住まっても同じ人間、その本質からみた人間、一体彼は何であるか」と述べています*。

　ここからもペスタロッチが、人は皆生まれながらに平等であり、教育は貧しい人々が直面する困難を救う手段となると考えていたことがうかがえます。ペスタロッチは、農園を経営しながら、貧しい子どもを対象とした学校を営みました。農園の廃園後は、フランス革命の余波を受けてスイスでも孤児が増えてしまったため、孤児院でも教育を行いました。このようにペスタロッチは、家庭での愛情や教育の機会に恵まれない子どもたちが自立できることを目指して貧民学校や孤児院における教育に生涯を捧げました。

　ペスタロッチは、晩年の著作『白鳥の歌』（1825年）において、「生活が陶冶する」と述べ、家庭での教育を含む日々の生活そのものが子どもの発達に資するという教えを残しています。子どもの自発性や日常の生活における直接経験を重んじたペスタロッチの教育思想や教育実践は、後に「幼児教育の父」「幼稚園の創始者」と称されるフレーベル（1782-1852）にも影響を及ぼしていきました。

＊ ペスタロッチ, 長田新訳『隠者の夕暮・シュタンツだより』岩波文庫, p.7, 1993.

Lesson5

1 保育の言葉150 ≫ 子どもの育ち③

次の保育用語を適切に使えるようにしましょう。

また、文例を音読したり、視写したりして、使い方に慣れましょう。

⸺⸺⸺⸺⸺⸺⸺⸺⸺⸺⸺⸺⸺⸺⸺⸺⸺⸺⸺⸺⸺⸺⸺⸺⸺

（1） 保育の現場では、**個人差**にも配慮しなければならない。

（2） 自己の存在を意識することが**自我**の目覚めとなる。

（3） **自己肯定感**は、自分自身をかけがえのない存在として肯定的にとらえる意識だが、日本の子どもたちは低い傾向があるといわれている。

（4） **第一次反抗期**は、「自分でやろう」とする成長の証なのでネガティブにとらえてはいけない。

（5） 自主自立の精神を養うために、子どもの**主体性**を尊重する必要がある。

＊第一次反抗期は、イヤイヤ期ともいいます。

2 言葉のエクササイズ ≫ 動詞

次の各文を視写するとともに、動詞をすべて抜き出し、終止形（言い切りの形）で答えましょう。 ➡ 解答はP.141

⸺⸺⸺⸺⸺⸺⸺⸺⸺⸺⸺⸺⸺⸺⸺⸺⸺⸺⸺⸺⸺⸺⸺⸺⸺

（1） 観衆が見守るなかで、文枝は「愛の挨拶」を弾いた。

（2） 今度の連休は家族で温泉に行き、おいしいものを食べよう。

（3） 遊園地にある観覧車の前で、雅子が順番を待っていた。

（4） 夕食の食材を探すためスーパーへ向かう途中でコンビニに寄り、傘を忘れた。

（5） 雅子が今度の発表会で使うウクレレは母親にもらったもので、思い出がいっぱい詰まっている。

チャレンジ問題 （　）内の平仮名を正しい漢字に直しましょう。

①アニメ映画を（せいさく）する。　　②絵画作品を（せいさく）する。

③子どもの（せいちょう）を見守る。　④植物が（せいちょう）した。

⑤左右（たいしょう）の建物。　　　　⑥3歳児を（たいしょう）とする発表会。

⑦双子なのに（たいしょう）的な性格だ。

---

③ Let's 名文音読

次は、ある小説の抜粋です。音読しましょう。

....

『押絵と旅する男』　江戸川乱歩

　この話が私の夢か私の一時的狂気の幻（まぼろし）でなかったならば、あの押絵と旅をしていた男こそ狂人であったに相違（そうい）ない。だが、夢が時として、どこかこの世界と喰違（くいちが）った別の世界を、チラリと覗（のぞ）かせてくれる様（よう）に、又（また）狂人が、我々の全く感じ得ぬ物事を見たり聞いたりすると同じに、これは私が、不可思議な大気のレンズ仕掛けを通して、一刹那（いっせつな）、この世の視野の外にある、別の世界の一隅（いちぐう）を、ふと隙（すき）見（み）したのであったかも知れない。

　いつとも知れぬ、ある暖かい薄曇った日のことである。その時、私は態々（わざわざ）魚津へ蜃気楼（しんきろう）を見に出掛けた帰り途（みち）であった。私がこの話をすると、時々、お前は魚津なんかへ行ったことはないじゃないかと、親しい友達に突っ込まれることがある。そう云（い）われて見ると、私は何時の何日に魚津へ行ったのだと、ハッキリ証拠を示すことが出来ぬ。それではやっぱり夢であったのか。だが私は嘗（かつ）て、あのように濃厚な色彩を持った夢を見たことがない。夢の中の景色（けしき）は、映画と同じに、全く色彩を伴わぬものであるのに、あの折（おり）の汽車の中の景色丈（だ）けは、それもあの毒々しい押絵の画面が中心になって、紫と臙脂（えんじ）の勝（かっ）た色彩で、まるで蛇（へび）の眼の瞳孔（どう）（こう）の様に、生々しく私の記憶に焼（やき）ついている。着色映画の夢というものがあるのであろうか。

---

④ 文章作りのトレーニング ≫ 小論文

論題「鉛筆とボールペンではどちらが優れた筆記具か」（400字以内）

　鉛筆よりもボールペンのほうが優れていると考える。理由は三つある。

　一つ目の理由は、ボールペンで書いた文字は消えることがないということである。一方鉛筆の場合は、簡単に消すことができるため、大切な書類やメモを書くのには向いていない。

　二つ目の理由は、ボールペンはインクがなくなるまで使い続けることができるということである。線の太さも変わらないという面でとても便利である。一方鉛筆は細かい字を書きたくてもすぐに芯が太くなってしまう。また、芯をこまめに削らなければいけないという手間もかかる。

　三つ目の理由は、ボールペンはプラスティックとしてリサイクルすることができ、エコだということである。また詰め替えられるタイプもあり、環境にも経済的にも優しい。一方鉛筆は、森林から木を切り倒して作るし、削ってしまったカスは捨てるしかないので環境にもよくない。

　これらの理由により、私はボールペンのほうが優れていると考える。

（M.K.）

⑤　保育の蘊蓄あれこれ ≫ 尊敬語②

尊敬語の主な名詞

①　名詞の多くは、「お」や「ご」をつけることで尊敬語になります。

- 名前⇒お名前

　例　先生のお名前は、かねがね伺っておりました。

- 住所⇒ご住所

　例　どうぞ、こちらにご住所をお書きください。

- 考え⇒お考え

　例　貴重なお考えをお聞かせくださり、ありがとうございました。

②　特別な形をとるものもあります。

- 土地⇒御地、貴地
- 家⇒お宅、ご自宅、お住まい
- 意見、考え⇒貴意
- 園、学校⇒貴園、貴学
- 会社⇒御社、貴社

- 親切、思いやり⇒ご厚意、ご厚情
- 思いやりの品⇒ご芳志、ご厚志、お心づけ

＊「お」と「ご」の使い分けは、「お」＋和語、「ご」＋漢語、となるのが基本です。

形容詞などの尊敬語

① 形容詞や形容動詞にも、「お（ご）」をつけることで尊敬語にすることができるものがあります。

- 美しい⇒お美しい
  例　○○様のバレエは本当に優雅でお美しい。
- 忙しい⇒お忙しい
  例　お忙しいところご足労いただきまして、ありがとうございました。
- 強い⇒お強い
  例　やはり、先生が指導なさるチームはお強いですね。
- 綺麗⇒お綺麗
- 立派⇒ご立派
- 見事⇒お見事

② 「お（ご）」がなじまない場合でも、「〜いらっしゃる」をつけることで尊敬の意味をもたせることができる場合もあります。

- 厳しい⇒　×お厳しい　○厳しくていらっしゃる
- 若々しい⇒　×お若々しい　○若々しくていらっしゃる
- 優秀⇒　×ご優秀　○優秀でいらっしゃる
- 活動的⇒　×ご活動的　○活動的でいらっしゃる

＊「美しい」「忙しい」「強い」等は、いずれの形も可能です。
　⇒お美しい、美しくていらっしゃる、お美しくていらっしゃる

学びを深める座右の言葉

「Everyday is a new day.」

（ヘミングウェイ『老人と海』）

....

「毎日が新しい日なんだ」。大海原へ一人で漁に出た老人の言葉。不漁続きでも希望を失わずに、日々新たな気持ちで自分を奮い立たせました。

Lesson6

① 保育の言葉150 ≫ 遊びにかかわる子どもの発達

次の保育用語を適切に使えるようにしましょう。

また、文例を音読したり、視写したりして、使い方に慣れましょう。

（1） **模倣**とは、いわゆる真似っこのことである。

（2） 成長とともに手先が器用になっていくことを、**巧緻性**が発達するという。

（3） 子どもは母親を安全基地にして積極的に外界の**探索活動**を行うようになる。

（4） 積み木を自動車に見立てるのは**象徴機能**の表れである。

（5） 嗅覚、聴覚、視覚、味覚、触覚を合わせて**五感**という。

＊象徴機能は、2歳頃に獲得されます。

② 言葉のエクササイズ ≫ 品詞

次の語を品詞（名詞、動詞、形容詞、形容動詞）ごとに分類して、ノートにまとめましょう。　　　　　　　　　　　　　　　　　　　　　➡解答はP.141

（1） 静かだ、赤い、会う、絵本、汚い、運転、遊ぶ、素敵だ

（2） 願い、美しい、見る、にぎやかだ、登る、音楽、便利だ、怪しい

（3） 泣く、穏やかだ、立つ、変だ、準備、うれしい、速い、食事

（4） 匂い、悔しい、来る、元気だ、きれいだ、いかがわしい、見学、書く

（5） 環境、おいしい、積極的だ、走る、ばかばかしい、手術、食べる

> **チャレンジ問題** （　）内の平仮名を正しい漢字に直しましょう。
>
> ①皆の幸せを（ついきゅう）する。　　　②管理責任を（ついきゅう）する。
>
> ③人生の哲理を（ついきゅう）する。　　④損害を（ほしょう）してほしい。
>
> ⑤この製品の（ほしょう）期間は1年間だ。　⑥社会（ほしょう）制度の充実。

③ Let's 名文音読

次は、ある小説の抜粋です。音読しましょう。

『旅愁』 横光利一

　家を取り壊した庭の中に、白い花をつけた杏（あんず）の樹（き）がただ一本立っている。復活祭の近づいた春寒い風が河岸（かし）から吹く度びに枝枝が慄えつつ 弁（はなびら）を落していく。パッシイからセーヌ河を登って来た蒸気船が、芽を吹き立てたプラターンの幹の間から物憂げな汽缶（ボイラー）の音を響かせて来る。城 砦のような厚い石の欄壁（らんぺき）に肘をついて、さきから河の水面を見降ろしていた久慈は石の冷たさに手首に鳥肌が立って来た。

　下の水際の敷石の間から草が萌え出し、流れに揺れている細い杭の周囲にはコルクの栓が密集して浮いている。

「どうも、お待たせして失礼。」

　日本にいる叔父から手紙の命令でユダヤ人の貿易商を訪問して戻って来た矢代は、久慈の姿を見て近よって来ると云った。二人は河岸に添ってエッフェル塔の方へ歩いていった。

「日本の陶器会社がテエランの陶器会社から模造品を造ってくれと頼まれたので、造ってみたところが、本物より良く出来たのでテエランの陶器会社が潰れてしまったそうだ。それで造った日本もそれは気の毒なことをしたというので、今になって周章（あわ）て出したというんだが、しかし、やるんだねなかなか。一番ヨーロッパを引っ掻き廻しているのは、陶器会社かもしれないぜ。」

　久慈は矢代の云うことなど聞いていなかった。彼は明日ロンドンから来る千鶴子の処置について考えているのである。二人は橋の上まで来るとどちらからともなくまた立ち停った。

④　文章作りのトレーニング ≫ 作文

題名「ペット」（400字以内）

文例

　わが家では犬を1匹飼っている。名前はテディだ。小学5年生の頃に飼い始めたので、もうかれこれ7年間、わが家にいることになる。

　犬を飼うようになってから、家庭が明るく和やかになったと感じている。例えば、親子や兄弟、夫婦など、さまざまな組み合わせで散歩に連れて行くので、必然的に家族の会話が増えて仲良くなった。たまに家庭内で口論があっても、必ず

といってよいほど犬がなかに入ってきて吠えるので、それ以上エスカレートしない。イライラした気持ちが収まり、穏やかな雰囲気になってしまうのだ。

　決して犬と会話できるわけではないが、散歩や餌やりのときの待ちきれない様子やうれしそうなしぐさを見ているうちに、何を考えているのか、どのような気持ちでいるのかわかるようになってきた。

　今となっては、犬がいない生活など考えられないほど大切な存在だ。元気に長生きしてもらい、たくさんの思い出を作っていきたいと思っている。　　　（A.S.）

⑤　保育の蘊蓄あれこれ ≫ 謙譲語

　謙譲語とは、自分側から相手側または第三者に向かう行為・ものごとなどについて、自分を低く扱うことで、その向かう先の人物を立てて述べるときの言葉です。

謙譲語の主な動詞

　謙譲の意味をもつ特別な動詞を使うか、「お（ご）～」の形にすることで、謙譲語にすることができます。

① 　謙譲の意味をもつ主な動詞

- 行く⇒参る
- 言う⇒申す、申し上げる
- 知る、知っている⇒存ずる、存じ上げる
- 会う⇒お目にかかる
- 与える⇒差し上げる
- 見る⇒拝見する
- 聞く⇒うかがう、拝聴する
- 借りる⇒拝借する
- 食べる⇒いただく
- する⇒いたす

② 　「お（ご）～」の形にする場合の例

- 届ける⇒お届けする
- 案内する⇒ご案内する
- 書く⇒お書きする
- 話す⇒お話しする
- 説明する⇒ご説明する
- 見せる⇒お見せする

- 伝える⇒お伝えする

＊それぞれ、「お届け申し上げる」「ご案内申し上げる」等とすることもできます。

＊「伝える」の謙譲表現は、「お伝えする」ですが、次のような使い方は間違いです。
　相手「この件を園長先生に伝えておいてください」
　自分「承知いたしました。園長にお伝えしておきます」
　⇒「お伝えしておきます」では、敬意の向かう先が、相手ではなく園長になってしまいます。
　　「承知いたしました。園長に申し伝えます」が正しい言い方です。

謙譲語の主な名詞

① 　謙譲の意味をもつ特別な名詞を使う場合

- 著書、原稿や文章⇒拙著、拙稿、拙文

- 園、学校、会社⇒当園、当校、弊社、小社

- 子ども（息子、娘）⇒愚息、愚女

- 住まい⇒拙宅

- 考え⇒私見、愚見

- 贈り物⇒粗品、粗菓

- ご祝儀、謝礼⇒寸志（贈り物に使うこともあります）、薄謝

＊宴会の席などでご祝儀を紹介する場合、くれぐれも「理事長から寸志をいただきました」などとしないように。「ご芳志をいただきました」と紹介します。

② 　「お（ご）」をつける場合

- 手紙⇒お手紙

　　例　今、社長へのお手紙を書いているところです。

- 説明⇒ご説明

　　例　保護者の皆さんへのご説明は、私の担当です。

＊ただし、「社長からのお手紙」、「皆さんからのご説明」のように使う場合は、尊敬語です。

学びを深める座右の言葉

「温故知新」

（孔子『論語』）

「故きを温ねて新しきを知る」。先人の足跡を学び、そこから新たな道理を見出す意味で使われています。もともとは、孔子が教師の資質について語った文脈で使ったもの。人の師たるもの、先輩の知恵を謙虚に学び、そこから新たな解釈を見出すべきだというのが本旨です。

Lesson 7

1 保育の言葉150 》 子どもの遊び

次の保育用語を適切に使えるようにしましょう。

また、文例を音読したり、視写したりして、使い方に慣れましょう。

‥‥‥‥‥‥‥‥‥‥‥‥‥‥‥‥‥‥‥‥‥‥‥‥‥‥‥‥‥‥‥‥‥

（1） 就寝前の**絵本**の読み聞かせは、親子の愛着形成に有効である。

（2） **紙芝居**は、絵の抜き方を工夫すると面白さが倍加する。

（3） **パネルシアター**は、古宇田亮順によって創案された児童文化財である。

（4） **ペープサート**の語の由来は、「ペーパーパペットシアター」である。

（5） 歌を使った**手遊び**は、リズム感や巧緻性の発達を促す。

＊子どもは遊びを通して、さまざまな能力を開花させます。

2 言葉のエクササイズ 》 オノマトペ

次の様子や状態には、どのようなオノマトペがふさわしいでしょうか。オノマトペを使った文を考えてノートに書きましょう。「オノマトペ」とは、擬音語（「擬声語」ともいう。「ワンワン」「ざあざあ」など）と、擬態語（「きらきら」「うきうき」など。実際に音はしていない）のことです。

‥‥‥‥‥‥‥‥‥‥‥‥‥‥‥‥‥‥‥‥‥‥‥‥‥‥‥‥‥‥‥‥‥

（1） 光る様子

　　　文例 直樹が日美子（ひみこ）を見つめた。目がらんらんと光っている。

　　　その他の例（きらきら　ぴかぴか　ぎらぎら　ペカペカ）

（2） 心の状態

　　　文例 お目当ての景品をもらうと、収はいそいそと帰りじたくを始めた。

　　　（うきうき　いらいら　どきどき　わくわく）

（3） 痛みの感覚

　　　文例 今朝から胃のあたりがきりきりと痛む。

　　　（ずきずき　じんじん　ひりひり）

（4） 眠気や寝ている様子

　　　文例 授業中だというのに、直樹がうつらうつらしている。

　　　（うとうと　すやすや　グーグー）

（5） 雨の様子

文例 雨がぱらぱらと降り出した。

（ざあざあ　しとしと　ぽつぽつ　しょぼしょぼ）

チャレンジ問題 （　）内の平仮名を正しい漢字と送り仮名に直しましょう。

①席を（あける）。　　②窓を（あける）。　　③夜が（あける）。

④悲鳴を（あげる）。　　⑤国旗を（あげる）。　　⑥結婚式を（あげる）。　➡解答はP.141

③ Let's 名文音読

次は、ある児童文学作品の抜粋です。音読しましょう。

『すずかけ通り三丁目』　あまんきみこ

「すずかけ通り三丁目までいってください。」

　そのお客は、車にのると、しずかな声でいいました。四十ぐらいの、いろのたいへん白い、ふっくらした女の人でした。

「すずかけ通り？」

と、松井さんはききかえしました。そんな通りは、まだきいたことがなかったからです。

「ええ、すずかけ通り三丁目です。」

　お客は、白いハンカチであせをふきながらこたえました。じっとしていても、あせがふきでてくるような、ま夏の午後です。

「なにか目じるしのたてものが、ちかくにありますか？」

　松井さんは、しんまいのころ、よくいったようにたずねました。

「白菊会館のちかくです。」

「白菊会館？　あのあたりなら、よくしっていますけれど……、そんな通りは……、ありませんよ。」

「いいえ、あるのです。はやく車をだしてください。」

　お客が、きっぱりといいましたので、松井さんは、エンジンをかけました。

④ 文章作りのトレーニング ≫ 小論文

論題「好きな季節の魅力」（400字以内）

文例

　秋が好きだ。魅力を三つにまとめてみる。

　一つ目は、気温がちょうどよいことである。私は寒さより暖かさのほうが好みなのだが、夏は暑すぎるし冬は寒すぎる。春はまだ冬の寒さが残っているのに対し、秋は夏の暑さがほどよく和らいでいるので、私には秋がちょうどよい。

　二つ目は、食べ物がおいしいということだ。最近は、ほとんどの食材が一年中手に入るが、食べ物にはそれぞれ一番の食べ頃となる旬の季節がある。秋は多くの野菜や果物、魚介類が旬を迎えるので食を楽しめるのである。

　三つ目は、お月見や芸術祭など、家族や地域で楽しめる行事が盛んに行われる時期であることだ。特に私は学校行事が大好きで、小・中・高校時代には、運動会や音楽発表会、合唱コンクールに熱中していた。クラス一丸となり、よい成績を残そうと努力したことなど、素敵な思い出となっている。

　このように秋には、春・夏・冬にはない魅力があるので、私は秋が好きなのである。
　　　　　　　　　　　　　　　　　　　　　　　　　　　　　　　　　　　　　　（M.C.）

5　保育の蘊蓄あれこれ　≫ 実習オリエンテーションのマナー

訪問の日時を相談するとき

①　電話をするときは、自分の所属、学年、氏名をはっきりと名乗り、実習の件で電話したことを伝えるとともに実習担当の先生につないでもらう。

②　日時は実習先の都合と自分自身の都合を合わせて決める。ただし、遊びなど、個人的な予定を優先することがないようにする。実習先の都合を一番に考えること。

③　担当者が不在のときは、あらためてこちらから電話をかけるようにする。

④　実習先の予定が優先なので、自分の予定を先に伝えることはしない。

⑤　日時が決まったら、持ち物を確認する。また、必要事項はメモをする。

⑥　念のため日時と持ち物を再確認したうえで礼を言い、相手が先に電話を切るのを待ってこちらも切る。

オリエンテーション当日

①　遅刻しないように、約束の時間より少し早めの到着を心がける。

②　万が一、時間までに間に合わない場合は、早めに電話をしてまずは謝罪し、次に遅刻の理由と到着予定時刻を伝える。

③　実習園に到着したら、インターホンを押して到着したことを伝える。

④　防犯のために出入り口の施錠を忘れずに行い、園内に入る前にコートなどをいったん脱いで片腕にかけて中に入る。また、脱いだ靴は出口のほうへ向けておく。

ロールプレイをしましょう。（事例：電話での訪問日時の相談）

実習園の人	「はい、○○幼稚園です。」
実習生	「初めてお電話させていただきます。○月から実習でお世話になります○○大学△△学科○年の○○○○と申します。本日は実習のオリエンテーションのことでお電話いたしました。園長先生か、もしくは実習担当の方はいらっしゃいますでしょうか。」
実習担当の先生	「はい、実習を担当している○○です。」
実習生	「このたび、実習でお世話になります○○大学△△学科○年の○○○○と申します。本日は実習のオリエンテーションの日程と持ち物の件でご相談したいと思いましてお電話いたしました。」
実習担当の先生	「では、○月○日はどうでしょうか。」
実習生	**（都合が悪いとき）**「あいにく○月○日は試験のために伺うことができません。」
実習担当の先生	「では、○月△日はどうですか。」
実習生	**（都合がよいとき）**「はい、その日で構いません。持ち物は○○でよろしいでしょうか。」
実習担当の先生	「△と□を持ってきてください。当日は頑張ってくださいね。」
実習生	「はい、ありがとうございます。それでは、○月△日にお伺いさせていただきます。その際に△と□を持参いたします。当日はオリエンテーションのご指導をどうぞよろしくお願いいたします。」
	※　先方が先に電話を切ったのを確かめてから受話器を置く。

学びを深める座右の言葉

「人生は神の手によって書かれた一篇のおとぎ話です。」

（アンデルセン）

アンデルセン（Hans Christian Andersen, 1805-1875）は、19世紀に活躍したデンマークの童話作家です。貧しい家庭で育ちましたが、夢と情熱をもち続け、哀しくも美しい数々の名作を生み出しました。自伝（英訳版）では、「私の人生は、幸せと事件に満ちた、一篇の美しい物語です。」（My life is a lovely story, happy and full of incident.）と述べています。

Lesson8

1 保育の言葉150 ≫ 遊びの形態

次の保育用語を適切に使えるようにしましょう。

また、文例を音読したり、視写したりして、使い方に慣れましょう。

- （1） 子どもは成長とともに**一人遊び**の状態から集団遊びをするようになる。
- （2） 同じ場所にいながら、お互いにかかわりをもたずに個々に遊ぶ形態を**平行遊び**という。
- （3） 今日はよいお天気なので、子どもたちは**戸外遊び**を楽しんだ。
- （4） **自由遊び**によって、子どもは自発性や創造力が育つ。
- （5） 小学校に入学する頃には、子ども同士の間で**集団遊び**がよくみられる。

＊集団遊びとして「鬼ごっこ」や「かくれんぼ」などがあります。

2 言葉のエクササイズ ≫ 能動態と受動態

例にならって、能動態を受動態に書き換えましょう。

例　直樹が収を呼んだ。⇒収が直樹に呼ばれた。　　　　　　　　➡解答はP.142

- （1） 雅子が先輩の子どもを抱いた。
- （2） 秀吉が文枝に告白した。
- （3） 文枝は秀吉を嫌っている。
- （4） 雅子は信長を振り回している。
- （5） 雅子は信長に友情を求めている。

> **チャレンジ問題**（　）内の平仮名を正しい漢字と送り仮名に直しましょう。
>
> ①写真を（うつす）。　　②鏡に（うつす）。　　③手を（おろす）。
> ④乗客を（おろす）。　　⑤飾りを（かえる）。　　⑥演目を（かえる）。

3 Let's 名文音読

次は、ある童話の抜粋です。音読しましょう。

『注文の多い料理店』 宮沢賢治

　二人の若い紳士が、すっかりイギリスの兵隊のかたちをして、ぴかぴかする鉄砲をかついで、白熊のような犬を二疋つれて、だいぶ山奥の、木の葉のかさかさしたとこを、こんなことを云いながら、あるいておりました。

「ぜんたい、ここらの山は怪しからんね。鳥も獣も一疋も居やがらん。なんでも構わないから、早くタンタアーンと、やって見たいもんだなあ。」

「鹿の黄いろな横っ腹なんぞに、二三発お見舞もうしたら、ずいぶん痛快だろうねえ。くるくるまわって、それからどたっと倒れるだろうねえ。」

　それはだいぶの山奥でした。案内してきた専門の鉄砲打ちも、ちょっとまごついて、どこかへ行ってしまったくらいの山奥でした。

　それに、あんまり山が物凄いので、その白熊のような犬が、二疋いっしょにめまいを起こして、しばらく吠って、それから泡を吐いて死んでしまいました。

「じつにぼくは、二千四百円の損害だ」と一人の紳士が、その犬の眼ぶたを、ちょっとかえしてみて言いました。

「ぼくは二千八百円の損害だ。」と、もひとりが、くやしそうに、あたまをまげて言いました。

　はじめの紳士は、すこし顔いろを悪くして、じっと、もひとりの紳士の、顔つきを見ながら云いました。

「ぼくはもう戻ろうとおもう。」

「さあ、ぼくもちょうど寒くはなったし腹は空いてきたし戻ろうとおもう。」

「そいじゃ、これで切りあげよう。なあに戻りに、昨日の宿屋で、山鳥を拾円も買って帰ればいい。」

「兎もでていたねえ。そうすれば結局おんなじこった。では帰ろうじゃないか」

　ところがどうも困ったことは、どっちへ行けば戻れるのか、いっこうに見当がつかなくなっていました。

　風がどうと吹いてきて、草はざわざわ、木の葉はかさかさ、木はごとんごとんと鳴りました。

「どうも腹が空いた。さっきから横っ腹が痛くてたまらないんだ。」

「ぼくもそうだ。もうあんまりあるきたくないな。」

「あるきたくないよ。ああ困ったなあ、何かたべたいなあ。」

「喰べたいもんだなあ」

　二人の紳士は、ざわざわ鳴るすすきの中で、こんなことを云いました。

　その時ふとうしろを見ますと、立派な一軒の西洋造りの家がありました。

④ 文章作りのトレーニング ≫ 作文

題名「消しゴム」（400字以内）

....

【文例】

　消しゴムには、ちょっぴり甘酸っぱい思い出がある。

　中学生の頃のある日、昼下がりのこと。数学の授業中に私の机から消しゴムが落ち、ずいぶん遠くのほうまで転がって行ってしまった。なぜか落ちた先は、ふだんからちょっと気になっていたＡ君のところ。どうしようかと考えている間にも授業はどんどん進んでしまい、私は勇気を振り絞ってそっと席を立ちあがった。Ａ君の席に近づくと、彼はこちらを見て不思議そうな顔をした。「消しゴムが…」と小声で伝えるとすぐに気がつき拾ってくれた。私があわててお礼を言ったときには、彼はもう授業に集中していた。

　私はなんだかうれしくて、席に戻っても黒板を写す気になれず、消しゴムを見つめていた。先生に注意されたようだが耳に入らなかった。

　あのときの消しゴムはどこへ行ってしまったのか。最近探してみたが、見当たらなかった。彼と言葉を交わしたのもそれっきり。忘れられない青春の一コマである。　　　　　　　　　　　　　　　　　　　　　　　　　　　　　　　（F.K.）

⑤ 保育の蘊蓄あれこれ ≫ 実習の髪型、メイク、服装

　皆さんが実習のために保育所や幼稚園へ行くときは、実習にふさわしい髪型、メイク、服装を心がける必要があります。主な注意点は以下のとおりです。

① 　通勤時の服装、実習中の服装は、実習園の指導に従う。

② 　実習中は男女とも、トップスは無地で淡色のポロシャツ、ボトムスはチノパン（綿の長ズボン）が一般的ですが、派手な色の服装は避ける。ピアスやマニュキアは厳禁。

③ 　履物は動きやすいものを持参する。

④ 　髪型について、女性の場合は活動しやすいように髪をまとめる。

⑤ 　男性の場合、ひげを伸ばしていると清潔感に欠けて印象が悪くなる可能性があるので、毎日剃るようにする。

⑥ 　教育者のあるべき姿として、男性も女性と同様に髪を染めたりせず、さわやかさを心がける。

子どもを預ける保護者の方から不快に思われるような格好をしていると、信頼を失うことにもなりかねません。これまでみてきたように、基本的にはシンプルで清潔感のある髪型、メイク、服装が好ましいといえますが、事前によく確認しましょう。

黒髪
髪をまとめる
ナチュラルメイク
ピアスなし

黒髪
ひげを剃る

＊上のイラストのようにさわやかな保育者になりましょう。

Lesson9

❶ 保育の言葉150 ≫ 母子の絆

次の保育用語を適切に使えるようにしましょう。

また、文例を音読したり、視写したりして、使い方に慣れましょう。

・・

（1） ボウルビィは、子どもの健全な成長を促すために**愛着**の重要性を指摘した。

（2） 8か月頃から、見知らぬ人を怖がる**人見知り**が始まる。

（3） **分離不安**が生じるのは、母と子の関係が深まったからだ。

（4） 子どもは一人になるのが怖くて、母親を**後追い**することがある。

（5） 母親は、子どもにとって心のよりどころとなる**安全基地**だ。

＊愛着が形成されないと人見知りも起きません。

❷ 言葉のエクササイズ ≫ 仮名遣い①

波線部の仮名遣いが適切なものには○をつけましょう。

また、適切でないものには×をつけ、正しく書き直しましょう。　　➡ 解答はP.142

・・

（1） <u>こんにちわ</u>。朝夕の冷え込みが厳しくなってきましたね。

（2） こんないたずらをしたのは誰だ。<u>さては</u>日美子の仕業だな。

（3） 歩きながら食べるなんて、保育者として<u>恥ずかしいことだは</u>。

（4） <u>それでわ</u>皆さん、さようなら。

（5） 運動会では、白組が<u>そこじから</u>（底力）を発揮した。

（6） おにい（お兄）さんと、<u>おねい</u>（お姉）さんに、ご挨拶しましょう。

> **チャレンジ問題** （　）内の平仮名を正しい漢字と送り仮名に直しましょう。
>
> ①峠を（こえる）。　　②定員を（こえる）。　　③加入を（すすめる）。
>
> ④絵本を（すすめる）。　⑤道を（たずねる）。　　⑥友人を（たずねる）。

❸ Let's 名文音読

次は、ある児童文学作品の抜粋です。音読しましょう。

『キンショキショキ』　豊島与志雄

　今のように世の中が開けていないずっと昔のことです。ある片田舎の村に、ひょっこり一匹の猿がやって来ました。非常に大きな年とった猿で、背中に赤い布をつけ、首に鈴をつけて、手に小さな風呂敷包みを下げていました。

　村の広場で遊んでいた子供達は、その不思議な猿を見付けて、大騒ぎを始めました。けれども猿は平気な顔付で、別に人を恐がるふうもなく、わいわい騒ぎ立てる子供達を後にしたがえて、蔵のある大きな家の前へやってゆきました。そして、そこの庭のまん中で、首の鈴をチリンチリン鳴らしながら、後足で立ち上がっておかしな踊りを始めました。

　子供達はびっくりして、猿のまわりを円く取り囲んで、黙ってその踊を眺めました。踊が一つすむと、みんな夢中になって手を叩いてはやし立てました。すると、猿はまた別な踊を始めました。

　蔵のある家の人達は、表の庭が騒々しいので、不思議に思って出て来ました。見ると、大勢の子供達のまん中で、赤い布と鈴とをつけた大きな猿が、変な踊をおどっています。

　「おや、不思議な猿ですねえ。どこの猿ですか」と家の人はたずねました。けれど子供達も、どこから来たどういう猿だか、少しも知りませんでした。

　そのうちに、猿は踊をすましました。そして、風呂敷包みからお米を一つかみ取り出して、片方の手でそれを指さしながら、しきりに頭を下げています。「お米を下さい」と言ってるようなようすです。

　家の人はそれを悟って、米を少し持って来てやりました。猿は風呂敷を広げてそれをもらい取ると、何度も嬉しそうにお辞儀をしました。それから、また別な家の方へやって行きました。子供達はおもしろがってついて行きました。

④ 　文章作りのトレーニング 》 小論文

論題「若者は国内と海外、どちらを旅すべきか（1週間の休暇と旅費が与えられたと仮定します）」（400字以内）

文例

　若者は、国内を旅すべきである。理由は二つある。

　まず、国内のほうが安全性が高い。近年、日本の治安は非常に悪くなっている

が、それでも、例えば銃を簡単に所持できるアメリカよりはるかに凶悪事件は少ない。海外では、日本人はお金持ちと思われており、身代金目的の誘拐も十分にあり得る。また、海外では言葉も不自由なため、特に女性の場合、何か危険に遭遇しても、すぐに対処することは難しいであろう。

　次に、国内にも知るべき場所がたくさんある。もちろん、諸外国のよさを否定するつもりはないが、若者は日本のことについて案外知らないものである。地理的な位置関係にはじまり、各地の気候や風景、特産品、人間性など、実際に旅してみなければ体感できないことはいくらでもある。

　言葉が通じ、治安のよい国内の旅を通して各地の実情を直接体験することは、旅の何よりの醍醐味である。以上の理由から、若者は国内を旅すべきだと考える。

（Y.M.）

5　保育の蘊蓄あれこれ　≫ 園での言葉遣い

　実習先では園長先生、先輩の保育士、幼稚園教諭はもちろんのこと、子どもの保護者や業者さんとのかかわりもあります。さまざまな人や場面に対して、的確でしっかりとした受け答えができるようにしておきましょう。

出勤時の挨拶

　余裕をもって出勤し、職員室で元気に挨拶しましょう。

　「おはようございます。本日も一日、よろしくお願いいたします」など。

質問の仕方

　忙しそうにしている先生方に声かけすることは、なかなか気が引けるものです。そんなときは、まず質問内容を簡潔にします。また一度にできるだけまとめて聞くようにすればよいでしょう。聞くタイミングとしては、仕事が一段落した後や、何か報告するときなどについでに聞くようにすればスムーズです。

　「お忙しいところ誠に申し訳ありませんが、質問してもよろしいでしょうか」など。

保護者など外部の方への対応

　園にはいろいろな目的で外部の方々が来訪します。外部の方々にとっては、実習生であっても、園の一員です。親身になって対応するようにしましょう。

　「実習生の○○と申します」「お待たせして申し訳ありません。ただいま園長が参りますので、もうしばらくお待ちください」など。

実習生同士の会話における注意点

　園によっては、同時期に複数の実習生を受け入れることもあります。このような場合、

仕事に慣れてくるとつい普段使っている言葉が出てきがちです。しかし、子どもの前では、ぞんざいな言葉遣いにならないよう気をつけましょう。仲間同士だからといって気をゆるめることなく、子どもがいる前では保育者の一人としてふるまうことが大切です。

電話での応対

保育者の仕事を体験させるために、園によっては電話の応対を担当させてくださることもあります。園側の人間として受けますが、よくわからないことは曖昧に答えず、担当者に代わってもらうようにします。なお、「園長先生はいらっしゃいますか」と問われた際、「はい、園長先生はいらっしゃいます」などと答えないように気をつけましょう。

「はい、〇〇園です。（相手が名乗らない場合）失礼ですが、どちら様でしょうか」

「ただいま担当者に代わりますので、しばらくお待ちください」

「△△は不在にしております」など。

退勤時の挨拶

退勤時間になり、やり残した仕事がないようなら、担当の先生に帰宅してよいか確認します。退勤するときには、心を込めて感謝の言葉を述べましょう。なお、「ごくろうさま」は、先輩に対して使わないのが一般的です。

「本日もご指導をしてくださり、ありがとうございました。お先に失礼いたします」など。

実習で職員に質問をするときの注意点

実習中は同じ職場で働く人に対して、日頃から元気よく挨拶をして、お互いに話しかけやすい雰囲気作りをしておくことが大切です。人に何かわからないことを尋ねるときに気をつけたい点としては、まず笑顔を忘れないこと、相手の目を見てしっかりと話すこと、話しかけるタイミングを見計らうことなどがあります。そうすることであなたの信頼度が上がります。

学びを深める座右の言葉

「This too shall pass.」

「これもまた過ぎ去るだろう」という西洋の格言です。人間誰でも、いつ、どのような苦難に遭遇するかわからないものです。ときには落ち込んでしまうこともあるでしょう。しかし、世の中の事象は常に生々流転しています。日本では、「冬来りなば春遠からじ」ともいいます。苦難がいつまでも続くことはあり得ません。来るべき順境に備えて、この瞬間を精いっぱい生きていきましょう。

Lesson10

❶ 保育の言葉150 ≫ 保育の形態①

次の保育用語を適切に使えるようにしましょう。

また、文例を音読したり、視写したりして、使い方に慣れましょう。

‥‥

（1）保育者が一定の指導目標をもって子どもの活動を計画する形態を**設定保育**という。

（2）芋ほりや散歩などは、**園外保育**の一環だ。

（3）女性の社会進出に伴い、**延長保育**の需要はますます高まっている。

（4）子どもは**集団保育**を通して相互に影響し合うことができる。

（5）**自由保育**は、子どもの伸び伸びとした自由な活動を尊重する理念に基づいている。

＊集団保育とは、子どもを多数集めて行う保育のことです。

❷ 言葉のエクササイズ ≫ 仮名遣い②

波線部の仮名遣いが適切なものには○をつけましょう。

また、適切でないものには×をつけ、正しく書き直しましょう。　　➡ 解答はP.142

‥‥

（1）遠足が<u>まじか</u>（間近）に迫った。

（2）このカエルのおもちゃは、ゴムが<u>ちぢむ</u>（縮む）力を利用している。

（3）ゆり子ちゃんが園庭で転んで、<u>はなぢ</u>（鼻血）を出した。

（4）<u>一人づつ</u>渡しますから、お行儀よく並びましょう。

（5）童話の「赤ずきん」には、恐ろしい<u>オウカミ</u>（狼）が登場する。

（6）先生の仰る<u>とうり</u>（通り）に致します。

> **チャレンジ問題** （　）内の平仮名を正しい漢字に直しましょう。
>
> ①政治(たいせい)を批判する。　　②受け入れ(たいせい)を整える。
>
> ③着地の(たいせい)を立て直す。　　④食品(てんか)物。
>
> ⑤責任を(てんか)する。

③ Let's 名文音読

次は、ある小説の抜粋です。音読しましょう。

・・

『霧笛荘夜話』　浅田次郎

　建物の中の空気はひどく湿気っている。扉が軋みをたててとざされると、訪ねる者はいきなり思いがけぬ五、六段の石段を下りねばならない。

　そこで初めて、人は奇妙な意匠の正体に気付く。ふしぎなことにその建物は、地面を削りこんだ半地下と、はんぱな高さの中二階とでできあがっているのである。

　ふと足を止めて考える。するとその異形の構造が、けっして必然的な理由によるのではなく、長い労苦の屈従と忍耐の果てに醜く変容してしまった、人間の姿のように思えてくる。

　あやうい石段を降りると、がらんとしたホールがある。漆の剥げた朱の柱と、幾何学紋様の石の床。壁には紅色の護符や、意味不明の装飾がやたらごてごてとはりめぐらされている。たとえば港町の異国人街にある、道教の観の堂内のようである。

　廊下の先は闇に呑まれており、そのとばくちに旧式の赤電話が置かれている。まるでそれだけが浮世とつながった、非常のものに思える。

　見上げれば、灯の落ちた天井に立派な扁額が掛かっており、おそらく名のある書家の手になると思われる金文字が読みとれる。

　霧笛荘——。

④ 文章作りのトレーニング ≫ 作文

題名「雨」（400字以内）

・・

文例

　雨が好きだ。雨の匂いや音の懐かしさ、水溜まりの輝き。雨は特別なもので、ほかの何物にも代えがたい。

　小学生の頃は、雨降りの日にカッパを着て長靴を履いて外に出るのが楽しみだった。傘をさすと片手がふさがってしまうけれど、カッパを着ていれば自由

だ。運動靴とは違い、長靴ならどこへでもお構いなくまっすぐに進める。水溜まりでピョンピョン跳ねたって叱られることもない。水溜まりは私の遊び相手だった。

　何よりうれしいのは、雨上がりの虹。虹は空からの贈り物だ。虹を見るたびに幸せな気持ちになる。嫌なことがあっても、悔しくて泣いてしまっても、虹を見るとたちまち忘れることができる。今まで何度、虹に勇気づけられてきたことだろう。空にまたがる大きな虹でなくてもいい。どんなに小さくても、虹には不思議な力があると私は信じているのだ。

　雨上がりには、虹を求めて子どもたちと空を眺める。私はそんな保育者になりたいと思っている。　　　　　　　　　　　　　　　　　　　　　　　　（A.K.）

⑤ 保育の蘊蓄（うんちく）あれこれ ≫ 暑中見舞い状の書き方

　多くの養成校では、1年生の夏休み前に実習園へ受け入れの依頼をし、学生の配属を決めています。実習はまだまだ先でも、受け入れていただいたことへの感謝の気持ちも込めて、暑中見舞い状を書きましょう。

　暑中見舞い状はその名前のとおり、夏の安否を気遣い、お見舞いするのが目的です。実習受け入れの感謝状とは分けて考えるのが本来の姿ですが、日本独特の美しい習慣を身につけるよい機会です。例文を参考にして、自分らしい心のこもった文面を考えましょう。

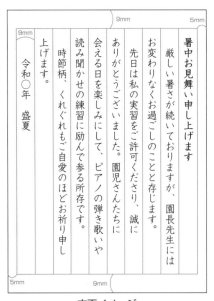

文面イメージ

ポイント

　一般的なはがきには罫がありません。曲がらないように、定規を使って鉛筆で薄く線を引いておくと書きやすくなります。本書の例文の場合、図のように、左右5mm、上下9mmの枠を引き、中を9mmで10等分すると、きれいに収まります。鉛筆の線は後で消すこと。

　暑中見舞いも残暑見舞いも、夏の暑い時期に相手の健康を気遣うものです。

- 暑中見舞い
  梅雨明けから立秋（8月7日頃）の前まで

- 残暑見舞い
  立秋以降から8月末頃まで

注意

- 黒かブルーブラックのペン書き。

- 住所の番地は漢数字で書く。

- 施設名が「保育所」の場合は、「園長」ではなく「所長」にします。

- 園長先生の氏名がわからない場合は、「○○幼稚園　園長先生」などとしますが、あまり一般的ではなく、バランスも取りにくいものです。できるだけきちんと調べて、氏名を書くようにしましょう。

- 「暑中お見舞い申し上げます」は少し大きめに書きましょう。「。」は書きません。

- 訂正は２か所程度までなら修正ペンを使っても構いませんが（宛名の間違いは修正ペン不可）、それより多い場合は書き直しましょう。

- 「あり」「がとうございます」のように、文節の途中で改行すると読みにくくなりますので気をつけましょう。特に人名の場合は厳禁です。園長先生のお名前は上のほうに書くようにします。

- 差出人の名前が上のほうに寄らないように気をつけましょう。なお、近年、差出人の住所は養成校の所在地にすることが多いようです。担当の先生のご指導に従ってください。

＊これらの諸注意の多くは、Lesson24「お礼状・年賀状の書き方」の注意にも共通します。

○宛名書き・よい例

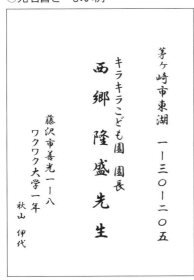

○宛名書き・悪い例

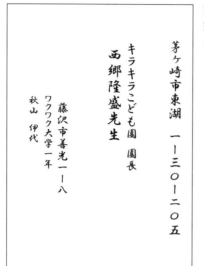

宛先住所が右に寄りすぎです。
宛名が小さすぎて上に寄りすぎです。
自分の名前が上に寄りすぎです。

○園長宛・よい例

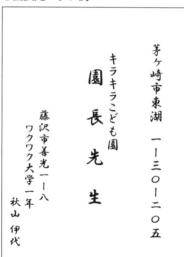

バランスが取りにくいので文字の配分に
気をつけましょう。

○園長宛・悪い例

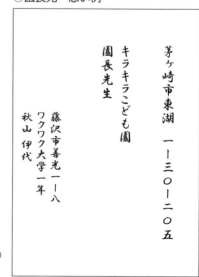

宛名が詰まっていて上に寄りすぎです。
十分な文字間隔を取りましょう。自分の
名前は下のほうに書きます。

○裏面文例

これは参考です。自分らしい文面を考え
ましょう。

暑中お見舞い申し上げます
　暑い日が続いておりますが、園長先生には
お変わりなくお過ごしのことと存じます。
　このたびはお忙しい中、私の実習をご許可
くださいまして、誠に有り難うございました。
来年二月の実習に向けて保育の勉強をしっかりと
積み重ねて参る所存です。どうかご指導の程、
宜しくお願い致します。
　暑さ厳しき折、くれぐれもご自愛ください。

「宜しくお願い申し上げます」の「宜」
を「宣」と書く間違いをよく見かけま
す。皆さんは大丈夫ですか。

「桃李不言下自成蹊」（とうりものいわざれども　したおのずからこみちをなす）

（司馬遷『史記』）

「桃や 李 は何も言わなくても、おいしい果実を求める人々によって自然と道ができる」。そのよう
に、その人柄を慕って人々が集まってくるような立派な人物を称えた、『史記』（中国の古典）の一節
です。

Lesson11

1　保育の言葉150 ≫ 保育の形態②

次の保育用語を適切に使えるようにしましょう。

また、文例を音読したり、視写したりして、使い方に慣れましょう。

- （1）同じ集団の子どもたち全員に平等な指導をできるのが**一斉保育**の長所だ。
- （2）**異年齢児保育**では、異なる年齢の子ども同士が相互のかかわり合いのなかでさまざまな体験をする。
- （3）幼稚園と保育所などのように、異なる施設に所属する子どもを同じ場所で一緒に保育することを**合同保育**という。
- （4）**統合保育**とは、心身に何らかの障害をもつ子どもと、そうではない子どもとを同じ場所で一緒に保育することである。
- （5）保育室の数など、施設の都合によって異年齢の子どもたちでクラスを編成する形態のことを**混合保育**という。

＊混合保育では一人ひとりの子どもへの配慮を十分にする必要があります。

2　言葉のエクササイズ ≫ 接続語①

次の〔　〕内の言葉を使って、文章を作りましょう。

- （1）〔そのため〕

  文例 雅子はアルバイトをしている。そのため忙しい。
- （2）〔なぜなら〕

  文例 文枝もアルバイトを始めた。なぜなら、二人はハワイ旅行を計画しているからだ。
- （3）〔すると〕

  文例 二人は倹約に努めた。すると、3か月で旅費が貯まった。
- （4）〔および〕

  文例 パスポートの申請には、写真および戸籍抄本が必要である。

（5）〔また〕

文例 ハワイではマリンスポーツが楽しめる。また、食べ物もおいしい。

＊この後、Lesson16まで接続語の学習が続きます。接続語より前の文を書いたら隣の人とノートを
交換し、後の文を書き合うなどして楽しみましょう。

チャレンジ問題 （　）内の平仮名を正しい漢字と送り仮名に直しましょう。

①ハサミを（つかう）。　　　　　　②気を（つかう）。

③（ふしん）者の侵入に気をつける。　④相手に（ふしん）感を抱く。

⑤スマホが（ふきゅう）する。　　　⑥（ふきゅう）の名作。

⑦不眠（ふきゅう）で仕上げる。　　　　　　　　　　➡ 解答はP.142

③ Let's 名文音読

次は、ある小説の抜粋です。音読しましょう。

『東京湾景』 吉田修一

　東京湾に隣接した船積貨物倉庫内には、まったく日が差し込んでこない。鍾乳洞のように涼やかにも見えるが、実際には天井から吊るされた白熱灯の下をフォークリフトで通っただけで、からだからじわっと汗が吹き出してくる。

　亮介はフォークリフトの運転席で、バタバタとうちわで顔を扇いでいた。倉庫にこもっている熱が、舐めるように頬に当たる。ちょうど五時のチャイムが鳴って、終業までの残り五分を貨物の陰などに隠れてやり過ごしていた作業員たちが、「あーあ」とか、「終わった、終わった」などと口にしながら姿を見せる。

　亮介はフォークリフトの前を通りかかった同僚の大杉に、持っていたうちわを投げ渡した。うまい具合にキャッチした大杉が、指紋だらけのうちわを見やり、「なんだよ、これ」と首を傾げる。

　うちわは元の紙が破られていた。骨だけになったところに、誰かが梱包で使う透明なビニールテープを貼っている。倉庫事務所での雑談の最中、手持ち無沙汰から誰かが紙を破り、またほかの誰かが、その骨だけになったうちわにビニールテープを貼りつけたのだろう。途中で作業に飽きたのか、ビニールテープは片側にしか貼られておらず、もう片方の粘着面には、誰のものとも分からない白い指紋が無数についている。

　亮介はフォークリフトを車庫へ入れると、運転席から飛び降りた。こめかみに

あった汗のしずくが、着地と同時に頬を流れ、無精髭の生えた顎の辺りにじわっと滲む。

　事務所への鉄階段を、大杉が疲れた足取りで昇っていく。激しくうちわを動かしている腕が汗に濡れ、金塊のように輝いて見える。

---

④　文章作りのトレーニング ≫ 小論文

論題「豊かさとは何か」（400字以内）

> **文例**
>
> 　「豊かさとは何か」と問われても、感じ方やとらえ方は人それぞれ違うので、一概に結論づけることは難しいのではないだろうか。
>
> 　例えば、私の考える豊かさとは、不自由なく生活できることである。具体的には、学びたい教育が受けられたり、十分な食事ができたり、買い物ができたりすること。また、家族がいること、友達がいることなども大切だ。少し欲張りかもしれないが、私は今の生活に不自由を感じておらず満足なので、これは豊かだといえるだろう。
>
> 　だが、世の中には私の考える豊かさとは別のとらえ方をする人がいるに違いない。たとえ物質的には満たされていなくても、心さえ満たされていれば豊かだと感じる人だっているかもしれない。
>
> 　結局のところ、どんな形であろうと本人が満足しているならば、それは豊かだといってよいと思う。人それぞれなので、ひとくくりに豊かさとはこうだ、と決められないし、決めるべきではないと私は考える。　　　　　　　　　（R.T.）

---

⑤　保育の蘊蓄あれこれ ≫ 安全対策

　保育現場では、子どもがけがをすることはしばしばありますが、子どもの命を預かる者として、実習生も万全の安全対策を講じる必要があります。ここでは日常の安全対策について考えましょう。

予防

①　子どもが遊ぶ場所に危険な物（ビニール袋、ひも等）、けがをする可能性のある物を置かないようにする。

②　走り回ることの危険性を子どもたちによく伝えておく。

③　プールなどでは子どもの様子に気を配る。

④　保育者の指示に従いながら連携、連絡、引き継ぎをこまめに行う（しばらくたってから具合が悪くなることがあるため）。

⑤　門扉の施錠を確実にする。不審者がいる場合はすぐに保育者に連絡する。

⑥　日常的に自己の健康管理を徹底して、子どもに自分の病気をうつさないように注意する。

⑦　何事も子どもの安全を第一に考える。

　しかし、子どもにけがや事故はつきものです。では、万が一事故が発生した場合、どのような対応をすればよいのでしょうか。

事故発生時（例）

①　「○○ちゃんがけがをしました」とすぐに近くにいる保育者か職員に知らせる。

②　すぐに応急処置をする。

③　状況によっては救急車を呼び、病院へ搬送する。

④　保護者に連絡する。

＊②③④は、保育者の指示のもとに動きます。

　一番大切なことは事故を未然に防ぐということでしょう。事故を未然に防ぐためには保育者一人ひとりが危機管理意識をしっかりともって、日々の仕事に取り組むことが大切です。

　学びを深める座右の言葉

「風林火山」

「疾きこと風の如く、徐かなること林の如し、侵掠すること火の如く、動かざること山の如し」という、中国の兵法書『孫子』の言葉がもとになっており、武田信玄が旗指物に記したといわれています。戦いに勝つための秘訣を説いたものですが、私たちの生き方にも応用できそうです。

Lesson12

1 保育の言葉150 ≫ 保育の形態③

次の保育用語を適切に使えるようにしましょう。

また、文例を音読したり、視写したりして、使い方に慣れましょう。

(1) **ならし保育**とは、子どもが環境の変化に適応できるように時間を短縮した保育の
ことである。

(2) **縦割り保育**は、異年齢児保育とも呼ばれている。

(3) 年齢別に分けられた**横割り保育**でも、個人差に配慮した保育をする必要がある。

(4) 午後10時まで行われる**夜間保育**は、夜間に働く保護者の強い味方である。

(5) 子どもの興味関心を踏まえたうえで、ままごとコーナーなど、遊びの拠点となる
空間を設けてなされる保育が**コーナー保育**である。

＊コーナー保育では、子どもの活動を十分に予想して道具を配置することが大切です。

2 言葉のエクササイズ ≫ 接続語②

次の〔 〕内の言葉を使って、文章を作りましょう。

(1)〔それで〕

文例 昨夜、文枝は一睡もできなかった。それで、機内ではぐっすり眠った。

(2)〔だが〕

文例 ホノルル空港に着陸した。だが、文枝はまだ眠っている。

(3)〔または〕

文例 ケイキホテルへ行くには、バスまた
はタクシーに乗る必要がある。

(4)〔しかも〕

文例 ケイキホテルはお洒落で、しかも食
事がおいしいと評判だ。

(5)〔逆に〕

文例 昼間は人通りが多く安全だ。逆に、
夜は人通りが少なくて危険だ。

チャレンジ問題 （　）内の平仮名を正しい漢字と送り仮名に直しましょう。

①網で虫を（とる）。　　②写真を（とる）。　　③気分転換を（はかる）。

④時間を（はかる）。　　⑤体温を（はかる）。　　➡解答はP.142

---

③　Let's 名文音読

次は、ある小説の抜粋です。音読しましょう。

....

『君の膵臓をたべたい』　住野よる

「じゃあ、日曜日のお昼十一時に駅前集合ね！『共病文庫』にもちゃんとつけとくから！」

　そう言いきって、僕の了承なんて最初から必要ないという調子で、彼女は手を振りながら僕の帰路とは反対側に歩いていった。

　彼女の姿の向こう、夏の空はまだオレンジとピンクとほんの少しの群青の間で僕らを見下ろしている。

　手は振り返さず、僕も今度こそ彼女に背を向けて家に帰る。

　騒がしい笑い声がしなくなって、空の群青が占める割合が少しずつ増えてきて、僕はいつもの道を歩く。きっと、僕が見ているいつもの帰り道と彼女が見るいつもの帰り道では、その一歩一歩の見え方がまるで違うのだろうなと思う。

　僕はきっとこの道を卒業するまで歩き続けるだろう。

　彼女は、あと何度同じ道を歩けるのだろうか。

　でもそうだ、彼女の言った通り、僕だってあと何度この道を歩けるのかは分からない。彼女の見る道の色と、僕の見る道の色は本当なら違ってはいけないんだ。

　首筋に指をあてて生きているか確認する。鼓動に合わせて足を出すと、儚(はかな)い命を無理矢理揺さぶっている感覚がして、気分が悪くなった。

　夕風が吹き、生きている僕の気分を紛らわしてくれる。

　少しだけ、日曜日に出かけるかどうかを、前向きに考える気になった。

53

④ 文章作りのトレーニング ≫ 作文

題名「窓の外」（400字以内）

・・・

文例

　空調の効いた教室と違い、窓の外は初夏の日差しが強く、とても暑そうだ。県道沿いの歩道をワイシャツ姿の男性が通り過ぎた。営業マンだろうか、腕まくりをしてジャケットを小脇に抱えている姿がたくましい。

　会社に勤めたことのない私にはよくわからないが、営業というのは華やかな反面、大変な仕事らしい。やはり営業マンだった父に聞いた話だが、靴に穴が開くほど歩かなければならないし、休日までゴルフや飲食の接待があるそうだ。あの男性もそんな厳しい現実を生きているのだろうか。

　私は今、こうして保育の学校へ通っている。両親に反発していた時期もあったが、何不自由なくあこがれの職業に向けた勉強ができることは、本当にありがたい。腕まくりをして東京の街を歩き回ったであろう父と、それを支えていた母のおかげである。

　あの男性もきっと、誰かのために一生懸命に働いているのだろう。私は心からエールを送りたい。 (A.M.)

⑤ 保育の蘊蓄あれこれ ≫ 守秘義務

　保育はたくさんの子どもたちを相手にする仕事です。そのために子どもたちの保護者や家族にかかわりのある人々と接する機会が多くなります。仕事上そうした人たちの個人情報に触れることがありますが、それを無関係な第三者に漏らすようなことがあってはなりません。これを「守秘義務」といいます。例えば、地方公務員法には「職員は、職務上知り得た秘密を漏らしてはならない。その職を退いた後も、また、同様とする」（第34条第1項）とあります。一度知った秘密は、退職後も漏らしてはならないのです。

　守秘義務は保育者だけに課せられるものではありません。公務員や弁護士など、さまざまな人々に課されています。例えば、郵便局で働く人の場合、どこの誰がどこの誰に手紙を送ったということや、はがきに書かれてある文面は誰でも読めてしまいますが、そうした内容を外部の人に漏らすことも禁じられています。

　では、以下のケースで守秘義務違反にあたらないものはどれでしょうか。一度考えて

みてください。

① 保育所で預かっている子どもの住所を自分の近所の人に教える。

② 保護者の収入をほかの保護者に教える。

③ 子どもの体にあざが何か所かみられたので、児童相談所に連絡する。

④ 子どもたちとの記念写真をSNSに投稿する。

⑤ 保護者からのクレームを自宅で家族に話す。

　正解は③です。朝、子どもを預けに保護者が来たら、その子どもの様子を観察し、万が一虐待の可能性がある場合は、直ちに児童相談所や警察まで通告することになっています。そして、その場合は守秘義務違反にはあたらないのです。

　つまり、③が認められるのは、それが児童の最善の利益となるからなのです。では、ほかの選択肢はなぜ守秘義務違反になるのでしょうか。最近、個人情報保護ということがよくいわれています。では、個人情報にはどのようなものがあるのか皆さんご存知ですか。例えば、氏名、年齢、住所、学歴、職歴、家族構成などからはじまり、銀行の口座番号、暗証番号などさまざまなものがあります。そして、こうした情報を搾取して悪用する人が後を絶ちません。ですから、これらの情報を関係のない第三者に提供することは守秘義務違反にあたるわけです。プライバシーを尊重するためにも個人情報は慎重に扱う必要があります。皆さんも保育の現場に入ったら、こうした情報の取り扱いに気をつけてください。

してはいけないNG行為の例

　以下は実習生として絶対に行ってはならない行為です。しっかりと確認しておきましょう。

- 子どもや保護者と連絡先を教え合う
- 子どもの写真を保護者の許可なしに撮る
- SNSなどに実習の様子を載せる
- 子どもが作った作品（粘土細工）などの無断撮影をする

学びを深める座右の言葉

「吾唯知足」（われ ただ たるを しる）

あれが欲しい、これが欲しい、もっと欲しい…。欲望に駆られて求め続ける人は、いつまでたっても満足が得られず、結局のところ貧者です。「私は、ただ満ち足りていることだけを知っている…」。今ある生活を見直し、必要以上に求めないで感謝して生きることを教えてくれる言葉です。龍安寺（京都）の庭のつくばい（手水鉢）に彫られたものがよく知られています。

Lesson 13

1 保育の言葉150 》保育の計画

次の保育用語を適切に使えるようにしましょう。

また、文例を音読したり、視写したりして、使い方に慣れましょう。

（1）**指導計画**を立てる際には、子どもの状況を十分に把握することが大切だ。

（2）**責任実習**とは、登園から降園まで1日を通して行われる実習のことである。

（3）**日案**とは、1日単位で立てる短期の指導計画のことである。

（4）**週案**とは、1週間単位で立てる短期の指導計画のことである。

（5）1か月を単位としてなされる長期の指導計画を**月案**という。

＊このほかに1年間の子どもの生活に関して立てられる年間指導計画もあります。

2 言葉のエクササイズ 》接続語③

次の〔　〕内の言葉を使って、文章を作りましょう。

（1）〔それゆえ〕

　　文例 二人は、ワイキキビーチでたくさん泳いだ。それゆえ、お腹が空いた。

（2）〔例えば〕

　　文例 二人は、ハワイならではのおいしいものを食べることにした。例えば、ロコモコやパンケーキなどだ。

（3）〔それどころか〕

　　文例 お腹がはち切れそうになるまで食べたが、雅子はホテルに帰ろうとしなかった。それどころか、デザートのお店を探し始めた。

（4）〔ところが〕

　　文例 雅子は市場で食べ頃のマンゴーを三つも注文した。ところが、店員は品物を文枝に渡した。

（5）〔それに〕

　　文例 文枝は目立つ服を着ているし、それに愛想がよい。

チャレンジ問題 （　）内の平仮名を正しい漢字と送り仮名に直しましょう。

①身の（まわり）の整頓。　　　　　②園の（まわり）の様子。

③気分が（よい）。　　　　　　　　④（よい）行い。

⑤夏祭りで（おどる）。　　　　　　⑥期待に胸が（おどる）。　➡解答はP.142

③　Let's 名文音読

次は、ある小説の抜粋です。音読しましょう。

··

『異人たちとの夏』　山田太一

　マンションの夜が静かなのに気がついたのは、独りになって三週間ほどたった
ころである。静かすぎるのだ。

　といって、山の中にいるようだというのではない。

　それどころかその七階建てのマンションは、東京の環状八号線道路に面してい
て、車の流れは二十四時間絶えることがなかった。

　はじめは車の音で、眠れなかった。

　深夜を選んで走る大型トラックの地鳴りのような音が次々と湧き上るのをベッ
ドの上で聞いていると息苦しくなって来た。百メートルほど先に信号があり、時
折音は途絶えるが、それは忽ち更に高い発進音としてよみがえり、あとからあ
とから轟音が続き、すると動悸が高くなって、急に呼吸が出来ないというさしせ
まった感覚に襲われ、あえぎながら、とび起きたりした。

　十日ほどで馴れた。

　仕事場として使っている間、何度か泊ろうとしたことがあり、その度にとても
ここでは眠れないと思ったのだが、離婚で金を使い、他に移る余裕がなく、無理
にでも眠るしかないとなれば、こんなところでも人は馴れることが出来るのだっ
た。轟音は意識の底へ沈み、エア・コンディショニングの音もしりぞいて、気が
つくと柱時計の秒針が刻む音だけを聞いていることもあった。

　そして更に、静かすぎるなどと感じてしまうのだから、自分の感覚ながら、
まったく行方が知れなかった。

　静かすぎるとはじめて感じたのは七月中旬のある夜である。十一時すぎ、机に
向っていて急に背筋に寒けのようなものが走った。ひとりで暗闇の中空にぽつん
といるような気がした。

④ 文章作りのトレーニング ≫ 小論文

論題「学校生活の意義とは何か」（400字以内）

....

〔文例〕

　学校は、勉学に勤しむことによって、知識や技術を身につけるとともに、人として成長できる場である。以下、具体的に考えてみよう。

　授業では、新しい知識や技術を身につけることができる。例えば、子どもの体の発達や心の変化について知識として知ることができ、演習によって具体的な対応の技術を習得することができる。

　また、友人や先生方とのかかわりによってもさまざまな学びがある。普段のおしゃべりやクラス会での交流等では、社会生活のルール、相手にわかりやすく伝える技術や先生方に対する言葉遣い、相手の気持ちを理解することなどを学べる。自分の人生を豊かにしてくれる大切な人を見つけ、人生について深く語り合うことだってあるだろう。

　いずれも、学校という集団生活の場でなければなかなか経験できないことである。ゆえに、知識や技術を身につけるとともに、人として成長できること、それが学校生活の意義だと考える。　　　　　　　　　　　　　　　　　　（A.N.）

⑤ 保育の蘊蓄あれこれ ≫ ネット、SNS、メールのマナー、著作権

　最近では、スマホやパソコンなどでSNS（ソーシャルネットワーキングサービス）を利用する人が増えていますが、たびたびそのマナーの悪さが指摘されています。ここではその注意点をみていきましょう。

　SNSにはFacebookやインスタグラムといったものがありますが、安易に個人や職場の情報を公開しないことが大切です。閲覧する人が皆よい人とは限らず、なかには公開された情報を悪用しようとする人がいるからです。また、個人情報が流出したり、盗まれたりする危険性もあります。その他、どこかに旅行に行って自分が撮影した写真や動画に他人が映っている場合、その人のプライバシーにも配慮してネットに公開しても構わないかどうか確認を取りましょう。勝手にアップするのはトラブルのもとです。

　次に決して他人の誹謗中傷をしないことです。SNSは匿名で参加できるため、無責任な書き込みをする人がしばしばみられますが、書かれた人のプライバシーや人権を侵

害する行為は許されません。違法なダウンロードやアップロードもしてはいけません。常に相手の気持ちを思いやり、人権を尊重したコミュニケーションを心がけましょう。

　メールをする場合には、あまり冗長な季節の文言を書く必要はありませんが、なるべく丁寧な文章を書くように心がけましょう。自分が意図したことが伝わらずに誤解されてしまったとしたら、お互いが不愉快な気持ちになってしまいます。また、簡単にできるからといって、最近はやりの言葉遣いにも十分に気をつけたほうがよいでしょう。皆さん、ルールを守って楽しくネットを使いこなしましょう。

メールに対するチェック項目

① 差出人の氏名を必ず記入する。

　時々自分の氏名を入力しないでメール送信する人がいますが、それを受け取った相手は誰からのメールなのかわからず困ることがあります。よく知っている友達ならば、アドレスを見て判断できることもありますが、相手とそれほど親しいわけではない場合、せっかく送ったメールが間違いメールや迷惑メールだと思われて削除されることがないように、気をつけましょう。

② 返信が必要かどうかを判断する。

　メールのなかには単なるお知らせのために一斉に送られてくるものもあります。その場合は返信をする必要はありませんが、文面を読んで相手が返信を求めているのかどうかを判断し、返信が必要な場合は早めに返信するようにしましょう。

③ 問い合わせをしていてその返事が来た場合にお礼のメールをする。

　自分から何かの問い合わせをしていた場合に、その返事が来たらそのままにしないでお礼のメールをしましょう。そのほうが確実に受信したことが相手にもわかって安心してもらえますし、丁寧です。

④ 丁寧な文章を心がける。

　手紙と同じで、相手が目の前にいないので、文章を極端に省略したり、意味のない記号などを用いたりして誤解される心配のあるような表現は避けるようにしましょう。誰が読んでも、好印象を受けるような内容を意識しながら文章を作成しましょう。また、親しい間柄でなければ、絵文字や飾り文字などを使用することを差し控えましょう。よくない印象を相手に与えてしまう可能性があります。

学びを深める座右の言葉

「七転八起」
（ななころびやおき）

たび重なる失敗にも挫けず、何度も立ち上がること。あるいは、人生の浮き沈みの激しいことのたとえ、ともいわれています。ところで、人生の艱難（かんなん）は七回とは限りませんが、七回転んだら次に起き上がるのは七回目のはず。なぜ八起なのでしょう。

Lesson 14

1 保育の言葉150 》基本的生活習慣

次の保育用語を適切に使えるようにしましょう。

また、文例を音読したり、視写したりして、使い方に慣れましょう。

. . . .

（1）**排泄**の習慣づけは、2歳前後が適期である。

（2）最近、子どもが一人で食事する**孤食**が増えている。

（3）**衣服の着脱**が一人でできるように援助する。

（4）健康を保つためには**体の清潔**が不可欠である。

（5）インフルエンザを予防するためには**衛生面**に気をつける必要がある。

＊基本的生活習慣は、子どもの育ちを考えながら保育者が見本となって子どもにかかわり、子どもが
　基本的生活習慣を身につけることができるようにサポートしましょう。

2 言葉のエクササイズ 》接続語④

次の 〔　〕内の言葉を使って、文章を作りましょう。

. . . .

（1）〔というのは〕

　　文例 直樹は日美子との約束をキャンセルした。というのは、彼女の過去について、悪い噂を聞いたからだ。

（2）〔したがって〕

　　文例 収は彼女に振られた。したがって、今は一人である。

（3）〔いわば〕

　　文例 意気消沈している直樹と収は、いわば気の抜けたサイダーだ。

（4）〔しかし〕

　　文例 収は気分転換に旅行を思い立った。しかし、先立つものがない。

（5）〔それにもかかわらず〕

　　文例 直樹は自動車の運転免許を取ったばかりだ。それにもかかわらず、遠出をしようとしている。

チャレンジ問題 （　）内の平仮名を正しい漢字と送り仮名に直しましょう。

①新製品の素晴らしい(とくちょう)。　②犯人の(とくちょう)。

③園内の美化に(つとめる)。　　　　④主任を(つとめる)。

⑤こども園に(つとめる)。　　　　　　　　　　➡解答はP.142

③ Let's 名文音読

次は、ある小説の抜粋です。音読しましょう。

・・・

『奇妙な仕事』　大江健三郎

　附属病院の前の広い鋪道（ほどう）を時計台へ向って歩いて行くと急に視界の展（ひら）ける十字路で、若い街路樹のしなやかな梢（こずえ）の連りの向うに建築中の建物の鉄骨がぎしぎし空に突きたっているあたりから数知れない犬の吠（ほ）え声が聞えて来た。風の向きが変るたびに犬の声はひどく激しく盛上り、空へひしめきながらのぼって行くようだったり、遠くで執拗（しつよう）に反響しつづけているようだったりした。

　僕は大学への行き帰りにその鋪道を前屈（まえかが）みに歩きながら、十字路へ来るたびに耳を澄ました。僕は心の隅で犬の声を期待していたが、まったく聞えない時もあった。どちらにしても僕はそれらの声をあげる犬の群れに深い関心を持っていたわけではなかった。

　しかし三月の終りに、学校の掲示板でアルバイト募集の広告を見てから、それらの犬の声は濡れた布のようにしっかり僕の躰（からだ）にまといつき、僕の生活に入りこんで来たのだ。

＊大江健三郎氏の作品は、読みにくくてわかりにくいといわれますが、人間性の本質を深く追求する作風が海外でも高く評価されています。

④ 文章作りのトレーニング ≫ 作文

題名「夏休み」（400字以内）

・・・

文例

　夏休みの匂いが好きだ。夏の匂いではなくて、夏休みの匂い。

　例えば、ラジオ体操に向かう早朝の空気の匂い、いつもはいない時間帯の家の匂い、お日様の光をいっぱいにためた布団の匂い、そして、まだ明るいうちに入るお風呂の匂い。

　中高校生の頃の夏休みは、宿題や遊び、アルバイトで忙しく、夏休みの匂いを感じている暇はなかった。でもその代わり、お盆の頃のお祭りの楽しさ、夜の街のドキドキ感、そしてアルバイトに向かう道すがら聴いていた曲が私の夏休みになった。徹夜で仕上げた宿題の手の痛みも夏休みだ。

　私は今下宿生活だが、今年は帰省しない。故郷を離れて、初めての夏をここで迎えるのである。こちらの夏はどれくらい暑いだろうか、川には入れるだろうか、風は涼しいだろうか、スズムシの声は聞けるだろうか。関心ごとはいろいろあるが、それにもまして気になるのは匂いだ。この夏、私はどのような夏休みの匂いと出会えるのであろうか。

（R.Y.）

⑤　保育の蘊蓄あれこれ　》ら抜き言葉

　「ら抜き言葉」とは、「その写真なら、私のスマホでも見れるよ」のように、本来「見られる」と言うべきところを「見れる」というなど、動詞の可能表現から「ら」を抜いた使い方です。

　五段活用の動詞（例：飲む）には、そのほとんどに、対応する下一段活用の可能動詞（例：飲める）がありますから、このような誤用は起きませんが、上一段活用（例：生きる）と下一段活用（例：食べる）、カ行変格活用（来る）の動詞を可能表現にするときに注意が必要です。

　最近は、テレビのコメンテーターでも、「ら抜き言葉」を平気で使っており、間違いとはいいにくくなってきました。しかしながら、「正しい日本語」といい切れるものでもありません。保育者は、日本語の基本形を理解したうえで、子どもたちに適切に伝えていくことが大切です。

※動詞の活用は、未然形（〜ない）にすると見分けやすくなります。

　飲まない　ア段⇒五段活用

　生きない　イ段⇒上一段活用

　食べない　エ段⇒下一段活用

可能表現の基本

- 五段活用の動詞の場合、下一段活用の可能動詞を使う。

「会う」→「会える」　　「遊ぶ」→「遊べる」　　「帰る」→「帰れる」

「泳ぐ」→「泳げる」　　「飲む」→「飲める」

- 上一段活用の動詞、下一段活用の動詞、カ行変格活用の動詞の場合、「られる」をつ
ける。

「起きる」→「起きられる」　　「受ける」→「受けられる」

「来る」→「来られる」

わからないときの見分け方

命令形にするか、誰かを誘う形に変えてみる。「起きろ」「受けろ」等、「〜ろ」の形
で命令できれば「ら」が必要。また、誘う形にしてみて、「食べよう」「受けよう」等、
「〜よう」となれば「ら」が必要。

「買う」→「買え」「買おう」⇒「〜ろ」にも「〜よう」にもならないので、「ら」は
　　　　　　　　　　　　　必要ない。

「食べる」→「食べろ」「食べよう」⇒「〜ろ」「〜よう」になるので、「ら」が必要。

 演習

→ 解答はP.145

次の下線部の可能表現は適切でしょうか。もし適切でなければ、より適切な表現に直しま
しょう。
① このナイフはよく切れる。
② このサイズなら着れる。
③ 朝、なかなか起きれない。
④ この道を行けば山麓に下りれる。
⑤ 明るい部屋でも寝れる。
⑥ ジュースならいくらでも飲める。
⑦ 園児の名前をすぐに覚えれる。
⑧ 難しい数学だって教えれる。

学びを深める座右の言葉

「人を相手にせず、天を相手にせよ」

（西郷隆盛『南洲翁遺訓』二十五項）

江戸末期から明治にかけて活躍した薩摩の英傑、西郷隆盛の言葉。この後に「天を相手にして、己れ
を 盡 て人を咎めず、我が誠の足らざるを尋ぬべし」と続きます。西郷どんの偉大さがよくわかります
ね。「敬天愛人」や「児孫のために美田を買わず」も味わい深い言葉です。

Lesson15

1 保育の言葉150 》子どもの食と栄養①

次の保育用語を適切に使えるようにしましょう。

また、文例を音読したり、視写したりして、使い方に慣れましょう。

（1）**母乳栄養**は、理想的な栄養法である。

（2）育児用ミルクで育てる**人工栄養**は、ビタミンKを補う利点がある。

（3）母乳栄養と人工栄養を併用するものを**混合栄養**という。

（4）**フォローアップミルク**を与えるのは、生後9か月頃からが望ましい。

（5）たんぱく質、脂質、炭水化物、ビタミン、ミネラルの5種類を**五大栄養素**という。

＊フォローアップミルクとは、たんぱく質や鉄などを補うための粉ミルクのことです。

2 言葉のエクササイズ 》接続語⑤

次の〔　〕内の言葉を使って、文章を作りましょう。

（1）〔あるいは〕

　　文例 直樹と収は、動物園あるいは水族館に行きたいと考えている。

（2）〔すなわち〕

　　文例 あそこに見えるのが、水生生物を飼育し展示する施設、すなわち水族館だ。

（3）〔そのうえ〕

　　文例 イルカは頭がよい。そのうえ愛嬌を振りまくので人気者だ。

（4）〔ただし〕

　　文例 キラキラ水族館ではイルカに餌をやることができる。ただし、噛まれても自己責任だ。

（5）〔一方〕

　　文例 イルカは哺乳類である。一方、イカルは鳥類である。

③ Let's 名文音読

次の五つの俳句を音読しましょう。

　　　『B面の夏』　黛まどか
　　　　遠雷や夢の中まで恋をして
　　　　兄以上恋人未満掻氷
　　　　夏惜しむ貝殻に耳押し当てて
　　　　恋終る九月の海へ石拋げて
　　　　秋風がめくる心の一ページ

＊それぞれ、どのような状況、どのような想いなのか、話し合ってみましょう。俳句を作って詠み合うのも楽しそうですね。

④ 文章作りのトレーニング ≫ 小論文

論題「友達感覚の親子関係の是非」（400字以内）

文例

　友達感覚の親子関係は、「望ましい」とはいい切れないが、少なくとも「あっても悪くない」と考える。

　なぜなら、人によって、あるいは家庭によって、かかわり方や家族のあり方は違うからである。親と子が一緒に暮らすのは当然というのが世間一般だろうが、今どきの世の中にはさまざまな家庭がある。場合によっては、虐待などが原因で離れて暮らさざるを得ない家庭もある。そのようにさまざまな家族の形があるなか、友達感覚であっても仲良くともに暮らし、家族として一緒にいられることは決して悪いことではない。

　人によっては、理想の親子関係ではない、誤った関係だと考える人たちがいるのもわかる。しかし、親はこうあるべきだ、子はこうあるべきだという固定概念は、無理な親子関係を生じさせ、虐待やネグレクトにつながる危険性もある。

　よって、お互いが満足しているのなら、友達感覚の親子関係も悪いことではないと私は考えるのである。

（M.Y.）

＊文中、「固定概念」という言葉が出てきます。本来は「固定観念」が正しい使い方ですが、近年、「固定概念」も一般化してきているため、そのまま掲載しました。

⑤　保育の蘊蓄あれこれ ≫ 掃除の仕方

　毎日の園生活において、きれいで清潔な環境を心がけることは気分がよいだけではなく、病気などの予防にもつながりますので欠かせません。掃除が苦手という人もいるかもしれません。しかし、実習では保育室の掃除をまかされる場合もあるでしょう。掃除道具の基本的な使い方などをしっかりとマスターしておきましょう。

道具とその使い方

ほうき・ちりとり
落ち葉や床に散らばったごみなどを集めるために使います。

はたき・ハンディモップ
机の上などにたまった塵やホコリを払い落とすために使います。

たわし
スポンジで簡単に洗浄できない汚れを落とすために使います。

雑巾
机や床などの汚れを取るために使います。

洗剤
汚れを効果的に落とすためのものであり、雑巾などにつけて使います。中性やアルカリ性などの種類があるので目的に応じて使い分けをします。

掃除の手順

①　ホコリが立つので部屋の窓を開放して換気する。またホコリを吸い込まないように
　　なるべくマスクを着用する。

②　本棚など高い所から低い所へと掃除する。

③　部屋の奥から入り口に向かって掃除していく。

④　トイレのドアノブや手すりは、アルコール消毒を行う。

⑤　子どもの歯ブラシやコップなどは互いに接触しないように管理する。

⑥　お漏らしや嘔吐があった場合、必ずマスクと手袋を着用して処理する。

⑦　普段から整理整頓を心がけ、物を散らかさないようにする。

⑧　日頃から小さな汚れもこまめにふきとる習慣をつける。

ぬいぐるみやおもちゃの手入れ（例）

ぬいぐるみ

液体石けんを入れた30℃の
水にぬいぐるみを入れてもみ洗
いする

タオルなどで水気を取り、自
然乾燥させる

プラスチック製のおもちゃ

重曹水をおもちゃにスプレー
する

水ぶきの後、からぶきして乾
かす

学びを深める座右の言葉

「No Rain, No Rainbow.」

「雨が降らなければ虹は出ない」。つまり、嫌なことの後にはきっとよいことがあるよ、というハワイ
の格言です。

67

Lesson16

① 保育の言葉150 ≫ 子どもの食と栄養②

次の保育用語を適切に使えるようにしましょう。

また、文例を音読したり、視写したりして、使い方に慣れましょう。

- （1）生後5、6か月頃から**離乳食**を始めるが、調味料は必要ない。
- （2）有害な物を飲み込んでしまうことを**誤飲**という。
- （3）食べ物を飲み込むことを**嚥下**という。
- （4）食べ物や水分が気管内に流れ込む状態を**誤嚥**という。
- （5）食べ物を歯で噛み砕くことを**咀嚼**という。

＊離乳の開始は米がゆからがよいでしょう。

② 言葉のエクササイズ ≫ 接続語⑥

次の〔　〕内の言葉を使って、文章を作りましょう。

- （1）〔もっとも〕
  文例 収は将来、資格を生かして海外で働くつもりらしい。もっとも、卒業できればの話だが。
- （2）〔ちなみに〕
  文例 日本には約1万1000の幼稚園がある。ちなみに、そのうちの約6割が私立だ。
- （3）〔つまり〕
  文例 直樹は毎食、ラーメンやうどんばかり食べている。つまり、彼は麺類が好きなのだ。
- （4）〔要するに〕
  文例 日美子は、お金がないのに高級ブランドにこだわる。要するに見栄っ張りなのだ。
- （5）〔けれども〕
  文例 二人は勉強する気力をなくしていた。けれども、生き物たちのたくましい姿に勇気づけられた。

チャレンジ問題 （　）内の平仮名を正しい漢字に直しましょう。

①（いぎ）ある学校生活を送る。　　②会議で（いぎ）を唱える。

③彼は（いし）の強い人だ。　　　　④（いし）の疎通が大切だ。

⑤故人の（いし）を継ぐ。　　　　　　　　　　　　➡解答は P.142

---

③ Let's 名文音読

次は、ある紀行文の抜粋です。音読しましょう。

....

『パタゴニア　あるいは風とタンポポの物語り』　椎名誠

　赤道を越えるとたしかに季節はぐるりと一回転した。

　サンチアゴは夏だった。空港を出たとたんに、日本からの冬支度が恥ずかしかった。しかしサンチアゴは一日だけで、翌日そこからさらに南下し、プンタアレナスに向かう。プンタアレナスは南半球最南端の港町だ。そこから南極まで船で二日の距離である。だから目的地へは再び冬支度で入らなければならなかった。

　空港からすぐに日本大使館に向かう。ここで同行の山本皓一（やまもとこういち）とともにチリ国内用の記者証を作ってもらった。

　成田（なりた）からバンクーバー、そしてペルーのリマを経由してやってきたのですこし体の中心部分が疲れていた。時刻は夕方の四時だが依然として頭の真上にある太陽がまぶしすぎるのだ。ホテルに入ってしばらく休もう、ということになった。

　ホテル・アメリカーナはサンチアゴの繁華街のまん中にあった。11階の部屋のベランダから下を見ると、外の大きな通りまで窓の下が垂直に切りたっている。やっぱり体が疲れているのだろう。いつになくその垂直の壁に立っているのがこわいような気がした。深呼吸し、シャワーを浴びてビールでも飲もうと思った。

---

④ 文章作りのトレーニング ≫ 作文

題名「朝食」（400字以内）

....

文例

　長い間、あわただしさを理由に朝食を食べずに学校へ通っていた。食べなくても何も変わりはしないだろう、その分、昼食を残さずに食べればよいと、自分のなかで完結させていたのだ。

　しかし、大学生となり授業時間が増え、取り扱う内容が膨大になった途端、集中力が続かず眠くなり、とても困った。原因はよくわからなかったが、とにかくスタミナが大事だと考え、毎朝早起きして、バランスのよい朝食をとることを心がけてみた。すると、次第に集中力が続き、眠くなることが少なくなった。体の調子が整うにつれ、早起きも苦にならなくなってきた。

　今にして思えば、中、高校生時代に一日中感じていた眠気と疲労も、栄養不足が原因だったのかもしれない。朝食の大切さを身をもって知ることができて本当によかったと思っている。

　早起きは三文の徳だというが、三文どころか、朝食には金銭に代えられないメリットがあった。これからもしっかり食べ続けていきたい。

（K.M.）

⑤ 保育の蘊蓄あれこれ ≫ 筆記具の持ち方

　筆記具の持ち方が乱れています。「ちゃんと文字が書ければ大丈夫」という人もいますが、そんなことはありません。

　イラストのように不自然な持ち方は、指の自由度が低くて疲れやすく、上手な文字がなかなか書けません。逆に正しい持ち方は、指に余計な力がかからず自由度も高いので、文字が書きやすくて疲れにくいのです。筆記具の正しい持ち方はほとんど全世界共通です。

　もちろん、子どもたちが間違った持ち方をしていたとしても、直ちに改めさせることがよいとは限りません。巧緻性の発達を見ながら、しかも、悪い癖が身につかないうちに、徐々に正しい持ち方へと導いていく必要があります。

　しかし、肝心の保育者が癖のある持ち方をしていたら、説得力がありません。子どもたちは保育者の持ち方を真似します。一度身についてしまった持ち方は、容易に変えることができないのです。もし、皆さんのなかに不自然な持ち方をしている人がいたら、今日から正しい持ち方をしましょう。長年かけて染みついた習慣を直すには、何年もかかるかもしれませんが、正しい持ち方や美しい文字は一生の財産になります。

○よくみられる鉛筆の悪い持ち方

人差し指が「くの字」
に曲がる

親指と人差し指が交差
する

中指が鉛筆の上にのる

○鉛筆の正しい持ち方

○箸の正しい持ち方

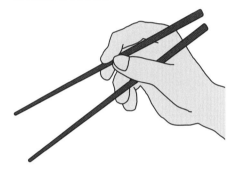

子どもたちへの伝え方

　よく、親指と人差し指で丸を作って持たせるとよいといわれていますが、イラストの
とおり、正しく持ったときの親指と人差し指は丸ではありません。幾分人差し指を前へ
出したほうがゆったりと持つことができます。鉛筆の正しい持ち方は、箸の正しい持ち
方と共通しています。正しく箸を持った状態で、手前側の箸を抜いた形が鉛筆を持つと
きの基本形です。

Lesson17

保育の言葉150 ≫ 子どもの保健

次の保育用語を適切に使えるようにしましょう。

また、文例を音読したり、視写したりして、使い方に慣れましょう。

....

（1）インフルエンザが流行する前に**予防接種**を行う。

（2）**常備薬**は、園医の指示に従って備えておく。

（3）**感染症**の原因としてはウイルスや寄生虫などがある。

（4）子どもの健康状態を知るために**視診**をする。

（5）子どもの心身の状態について**健康観察**をする。

＊予防接種とは、体に免疫を作るために人工的にワクチンを接種することです。

言葉のエクササイズ ≫ 可能表現

下線部をより適切な表記に改め、文を書き直しましょう。　　　　　➡ 解答はP.142

....

（1）文枝はどうしても南国の果実が<u>食べれない</u>。

（2）欧米仕様のアロハシャツだから、Ｓサイズでも<u>着れる</u>だろう。

（3）飛行機に乗れば、8時間で帰って<u>来れる</u>。

（4）疲れていたので、帰りの飛行機ではぐっすり<u>寝れた</u>。

（5）世界中の珍しい魚類を<u>見れて</u>うれしい。

（6）キラキラ水族館では、観察用に虫眼鏡を<u>借りれる</u>。

（7）道を覚えたので、今度は一人で<u>行けれる</u>。

（8）運転疲れのため、直樹はいつもの時間に<u>起きれ</u>なかった。

＊よくわからないときは、Lesson14の「⑤保育の蘊蓄あれこれ≫ら抜き言葉」を確かめましょう。

＊（7）は、いわゆる「れ足す言葉」です。

（　）内の平仮名を正しい漢字に直しましょう。

①人事（いどう）。　　　　　　　　②跳び箱の位置を（いどう）した。

③これまでの行いを反省し、（かいしん）した。　④（かいしん）の笑みを浮かべた。

⑤信頼関係の構築が（かんよう）だ。　　　⑥（かんよう）な態度で許してくれた。

③ Let's 名文音読

次は、ある小説の抜粋です。音読しましょう。

・・・

『夢十夜』[第二夜]　夏目漱石

　こんな夢を見た。

　和尚の室を退（さ）がって、廊下伝いに自分の部屋へ帰ると行灯（あんどん）がぼんやり点（とも）っている。片膝を座蒲団の上に突いて、灯心を掻（か）き立てたとき、花のような丁子（ちょうじ）がぱたりと朱塗（しゅぬり）の台に落ちた。同時に部屋がぱっと明かるくなった。

　襖の画は蕪村の筆である。黒い柳を濃く薄く、遠近（おちこち）とかいて、寒むそうな漁夫が笠を傾（かたむ）けて土手の上を通る。床（とこ）には海中文殊の軸が懸っている。焚き残した線香が暗い方でいまだに臭（にお）っている。広い寺だから森閑（しんかん）として、人気（ひとけ）がない。黒い天井に差す丸行灯の丸い影が、仰向（あおむ）く途端に生きてるように見えた。

　立膝（たてひざ）をしたまま、左の手で座蒲団を捲（めく）って、右を差し込んで見ると、思った所に、ちゃんとあった。あれば安心だから、蒲団をもとのごとく直して、その上にどっかり坐った。

　お前は侍である。侍なら悟れぬはずはなかろうと和尚が云った。そういつまでも悟れぬところをもって見ると、御前は侍ではあるまいと言った。人間の屑じゃと言った。ははあ怒ったなと云って笑った。口惜（くや）しければ悟った証拠を持って来いと云ってぷいと向（むこう）をむいた。怪しからん。

④ 文章作りのトレーニング ≫ 小論文

論題「なぜ、子どもにとって遊びが大切なのか」（400字以内）

・・・

文例

　子どもにとって遊びが大切なのは、三つの発達を促すからである。

　まず一つ目は、体力の向上である。子どもたちは夢中になって遊びながら、走る、跳ぶ、転がる、投げるなど、さまざまな動きをする。知らず知らずのうちに体中の運動神経や筋肉を使い、体力を向上させているのである。

　二つ目は、思考力や想像力の発達である。おままごとや鬼ごっこなどの遊びによってたくさんの「考える」経験を積み、相手の気持ちを思いやるなど、思考力や想像力を伸ばすことができる。

　三つ目は、好ましい人間関係の構築である。遊びを通して、ルールを守ることの大切さや友達を作ることの素晴らしさに気づき、好ましい人間関係を築くことができる。それは社会性の発達にもつながってくるものである。

　このように、子どもは遊ぶことによって成長する。それゆえ、遊びは、飲食や睡眠と同様、子どもの発達になくてはならない大切なものなのである。

(H.K.)

⑤　保育の蘊蓄あれこれ ≫ 飲み物の出し方

　保育所や幼稚園では、園長や先輩の先生方だけではなく、保護者などの来客に飲み物を出す機会が多くあります。こうした場面でおいしいお茶やコーヒーを淹れると相手に喜ばれるだけではなく、お互いの親睦を深めることにもつながります。飲み物の基本的な出し方は次のとおりです。

お茶の淹れ方

①　人数分の湯飲みに沸騰したお湯を8分目まで注ぐ。

②　急須に茶葉を入れる。

③　湯のみのお湯を茶葉の入った急須に注ぐ。湯のみが十分温まっている状態となる。煎茶は湯の温度が80〜90℃、浸出時間は1分。

④　最後の一滴までまわし注ぐ。味や濃さが均等になるようにする。

⑤　移動中にこぼれてしまうことがあるので、お茶を運ぶ際には茶碗と茶托を別々にお盆の上に乗せる（イラスト参照）。

⑥　部屋に入って来客などにお茶を出す場合、テーブルの入り口に近いほうか、サイドテーブルにお盆を置いて準備する。

⑦　お盆の上で茶碗と茶托を一緒にし、相手の右側から「どうぞ」や「失礼いたします」などと一言声をかけて、静かにお茶を差し出す。

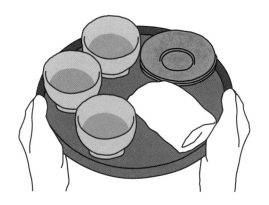

コーヒーの淹れ方

① ドリッパー、挽いたコーヒー豆、ペーパーフィルター、コーヒーサーバーを用意する。

② コーヒーの粉の量は、カップ一杯当たり10 ～ 12ｇを目安にする。

③ 少量のお湯を均一に粉に注ぎ、20秒ほどそのまま蒸らす。

④ その後、お湯の量は多め、中ぐらい、少なめと、3回に分けて螺旋を描くようにお湯を注いでいく。

⑤ お盆に乗せて運び、サイドテーブルに置く。

⑥ カップは持ち手を、スプーンも柄が右手側にくるようにする。

⑦ 砂糖とミルクをソーサーに置く。

⑧ お客様には「お菓子」「コーヒー」「おしぼり」の順に出す。

学びを深める座右の言葉

「一期一会」

一期とは一生のこと、一会とは一回限りの出会いを意味し、人生はたった一度しかない出会いの連続であることを示しています。もともとはお茶会の心得で、主客ともに二度と来ないこの瞬間を大切にし、誠の限りを尽くそうとする心構えのことです。そう考えると、授業を受ける態度ももっと真剣になる？ …いや、十分真剣でしたね。

Lesson 18

① 保育の言葉150 》子どもの生活

次の保育用語を適切に使えるようにしましょう。

また、文例を音読したり、視写したりして、使い方に慣れましょう。

....

（1） 子どもの年齢に合わせて**午睡**（昼寝のこと）の時間を調整する。

（2） 健康を目的として戸外の空気に体を触れさせることを**外気浴**という。

（3） 感染予防のためにベビーバスで**沐浴**を行った。

（4） 近くの公園まで子どもたちと一緒に**散歩**した。

（5） ご飯を食べる前に玩具の**片づけ**をしましょう。

＊沐浴の後には必ず水分の補給を行いましょう。

② 言葉のエクササイズ 》適切な表現①

（　）に入る最も適切な言葉を ☐ から選ぶとともに、視写しましょう。　➡解答はP.143

....

（1） 全国天丼祭りは、（　　　　　）コンサート会場のような人混みだった。

（2） （　　　　　）知り合いが来ていたとしても、この雑踏では気づかないだろう。

（3） 母親は、（　　　　）子どもの手を離してはいけない。

（4） 城山軒の海老天丼は一人一杯限定だが、（　　　　　）昼前に売り切れてしまうだろう。

（5） どうしても二人前食べたい雅子が店主に掛け合った。「（　　　　）お願いしたいことがございます」

> 折り入って、しかも、決して
> たとえ、あたかも、おそらく

チャレンジ問題 （ ）内の平仮名を正しい漢字に直しましょう。

①年4回の発行だから、（きかん）雑誌だ。　②その雑誌は第5号まで（きかん）だ。

③大自然の（きょうい）に感動した。　④核兵器の増加に（きょうい）を感じる。

⑤不動産取引の（けっさい）を済ます。　⑥理事長の（けっさい）を仰ぐ。

③ Let's 名文音読

次は、ある小説の抜粋です。音読しましょう。

『星の王子さま』　サン＝テグジュペリ（内藤濯＝訳）

「こんにちは」と、王子さまがいいました。

「やあ、こんちは」と、あきんどがいいました。

それは、のどのかわきがケロリとなおるという、すばらしい丸薬（がんやく）を売っているあきんどでした。一週に一粒（ひとつぶ）ずつ、それをのむと、もう、それきりなにも、のみたくなくなる、というのです。

「なぜ、それ、売ってるの？」と、王子さまがいいました。

「時間が、えらく倹約（けんやく）になるからだよ。そのみちの人が計算してみたんだがね、一週間に五十三分、倹約（けんやく）になるというんだ」と、あきんどがいいました。

「で、その五十三分って時間、どうするの？」

「したいことするのさ……」

〈ぼくがもし、五十三分っていう時間、すきに使（つか）えるんだったら、どこかの泉（いずみ）のほうへ、ゆっくり歩いてゆくんだがなあ〉と、王子さまは思いました。

④ 文章作りのトレーニング ≫ 作文

題名「恋」（400字以内）

文例

今朝、年長になった末っ子を保育園に送っている途中に、同じクラスの女の子と偶然一緒になった。すると、それまで私と手をつないで歩いていた息子が急に私の手を離し、その女の子に駆け寄って二人で手をつないで登園して行ってし

まった。聞けば先日から"カップル"になったらしい。息子の初彼女である。

　おいていかれた母親は少し寂しさを感じつつ、息子の浮かれっぷりに赤くなった。顔はうれしさのあまりニコニコしており、頬は赤く染まり、足もとなんかずっとスキップしているのである。彼は恋のド真ん中にいる。

　「息子よ、はしゃぎすぎだぞ」。そう思っていると、その女の子のお母さんがスッと隣にやってきて、「先日から付き合い始めたらしいですよ。折り紙で作ったカブトムシをたくさんもらって帰って来ました」と私に教えてくれた。プレゼントで落とすとはなかなかである。しかし初恋ははかないもの。失恋はいつやって来るのか。私はそれが心配だ。

（E.K.）

＊E.K.さんは社会人学生で、子育てをしながら勉学に励んでいます。

❺　保育の蘊蓄あれこれ ≫ 長音表記

　文字を覚え始めた子どもたちは、書き言葉と話し言葉の違い、特に長音の表記に戸惑います。例えば、「先生」は、「センセー」と語尾を伸ばして発音するのが普通ですが、平仮名で書くと「せんせい」となります。それを知った子どもが、「ねぇ、せんせイ」と、ことさら「イ」を強調して発音することもあります。間違いとはいい切れないものの、やはり不自然です。なぜ発音と表記が違うのか、子どもたちには理解できません。

　このことは、遊びの場面でも混乱を招く原因となることがあります。例えば、「しりとり」をしていて、「先生」が出てきた場合。保育現場では、「セーでおわるからセでつなげる」というルールで楽しむことが多いようですが、「センセエだから、エンピツ」などとつないでしまう子もいます。

　どの段階で発音と表記の違いを伝えるべきかは、非常に慎重な判断が必要ですが、保育者として、長音表記の法則は知っておきましょう。

長音表記の法則

① 　ア列の長音　ア列の仮名に「あ」を添える。

　　例　おかあさん　おばあさん

② 　イ列の長音　イ列の仮名に「い」を添える。

　　例　おにいさん　おじいさん

③ 　ウ列の長音　ウ列の仮名に「う」を添える。

　　例　くうき（空気）　ふうふ（夫婦）

④ 　エ列の長音　エ列の仮名に「え」を添える。

例　おねえさん　ええ（応答の語）

＊前記は、文部科学省の見解（「現代仮名遣い」内閣告示第1号、昭和61年）による法則です。しかしながら現実には、「停電」は「ていでん」と表記し「テーデン」、零点は「れいてん」と表記し「レーテン」と発音しています。そのため、法則としては、「エ列の仮名に「い」を添える」としたほうがより正しいという考え方もあります。

⑤　オ列の長音　オ列の仮名に「う」を添える。
　　例　おとうさん　とうだい（灯台）　あそぼう

　①から④については、例えば「おかあさん」の「か」を「かー」と伸ばすと「あ」になるから「あ」を添えるという説明ができます。難しいのは⑤で、しかも困ったことに、基本法則にあてはまらない例外があります。「先生の仰るとうりです」などと、大人でもしばしば間違って使っている例を見かけます。この際、主な例外を覚えてしまいましょう。

　先の「現代仮名遣い」には、オ列の例外として、おおせ（仰）、おおやけ（公）、とどこおる（滞）、おおむね（概）、おおよそ（凡）等22種類示されていますが、よく使うものについては、昔から次のような覚え方が伝わっています。

• 遠くの大きな氷のうえを、多くの狼、十ずつ通った。
　（とおく、おおきな、こおり、おおくの、おおかみ、とお、とおった）

（須田清『かな文字の教え方』麥書房, p.177, 1967.）

学びを深める座右の言葉

「心で見なくちゃ、ものごとはよく見えないってことさ。かんじんなことは、目に見えないんだよ。」

（サン＝テグジュペリ、内藤濯訳『星の王子さま』岩波書店）

王子との別れに際し、キツネが教えてくれた秘密。私たち大人は現実的な思考に支配され、心で見ることを忘れがちです。この言葉は、子どもの純粋な心の大切さに気づかせてくれます。

Lesson19

① 保育の言葉150 》幼児教育

次の保育用語を適切に使えるようにしましょう。

また、文例を音読したり、視写したりして、使い方に慣れましょう。

⋯⋯⋯⋯⋯⋯⋯⋯⋯⋯⋯⋯⋯⋯⋯⋯⋯⋯⋯⋯⋯⋯⋯⋯⋯⋯⋯⋯

（1）**恩物**とは、ドイツのフレーベルによって考案された幼児教育の教材のことである。

（2）『**エミール**』は、フランスの思想家ルソーの代表的な著作である。

（3）『**世界図絵**』は、コメニウスが作った世界最初の絵本である。

（4）『**児童の世紀**』は、スウェーデンの教育学者エレン・ケイによって著された書物である。

（5）**倉橋惣三**は、日本の幼児教育に大きな影響を与えた。

＊倉橋惣三は「自由保育」を唱導しました。

② 言葉のエクササイズ 》適切な表現②

〔　　〕内の語を使って、文章を作りましょう。

⋯⋯⋯⋯⋯⋯⋯⋯⋯⋯⋯⋯⋯⋯⋯⋯⋯⋯⋯⋯⋯⋯⋯⋯⋯⋯⋯⋯

（1）〔たり〕

＊「たり」は、「ぶったりしちゃだめだよ」など、「〜たりする」と単独で使う場合もありますが、複数で使うのが一般的です。

> 文例 お腹を空かせた直樹と収は、飲んだり食べたりしたくて、全国天丼祭りにやって来た。

（2）〔全然〕

＊「全然」は、「全然大丈夫だった」のように、肯定の意味で使っても間違いとはいい切れませんが、一般的には否定の意味で使います。

> 文例 財布を確かめたら、お金が全然入っていなかった。

（3）〔たぶん〕

> 文例 二人はたぶん、雅子と文枝が来ていることに気づかないだろう。

（4）〔まさか〕

> 文例 まさか、幼なじみの４人が巡り会うことはないだろう。

（5）〔必ずしも〕

> 文例 しかし、可能性は必ずしもゼロというわけではない。

チャレンジ問題 （　）内の平仮名を正しい漢字に直しましょう。

①ひそかに（こうい）を寄せる。　　②親睦会の（こうい）に感謝する。

③（こうがく）のためにご教示願う。　　④（こうがく）の念が旺盛だ。

⑤彼は（こうがく）の士だ。　　　　　　　　　　　➡ 解答は P.143

③ Let's 名文音読

次は、ある手紙の抜粋です。音読しましょう。（注：句読点は編集で追記しました）

「最後にいただいた御手紙」 穴澤利夫（知覧特攻平和会館蔵）

二人で力を合わせて努めて来たが、終に実を結ばずに終った。希望を持ち乍らも、心の一隅であんなにも恐れていた"時期を失する"と言ふことが実現して了ったのである。

去月十日、楽しみの日を胸に描き乍ら、池袋の駅で別れてあったのだが、帰隊直後、我が隊を直接取り巻く状況は急転した。発信は当分禁止された。（勿論今は解除）転々と処を変へつつ多忙の毎日を送った。そして今、晴れの出撃の日を迎へたのである。便りを書き度い。書くことはうんとある。

然しそのどれもが今までのあなたの厚情にお礼を言ふ言葉以外の何物でもないことを知る。あなたの御両親様、兄様、姉様、妹様、弟様、みんないい人でした。至らぬ自分にかけて下さった御親切、全く月並のお礼の言葉では済みきれぬけれど「ありがたふ御座いました」と、最期の純一なる心底から言って置きます。

今は徒に過去に於ける長い交際のあとをたどり度くない。問題は今後にあるのだから。常に正しい判断をあなたの頭脳は与へて進ませて呉れることと信ずる。然し、それとは別個に婚約をしてあった男性として、散って行く男子として、女性であるあなたに少し言って征き度い。

「あなたの幸を希ふ以外に何物もない」

「徒に過去の小義に拘る勿れ。あなたは過去に生きるのではない」

「勇気を持って、過去を忘れ、将来に新活面を見出すこと」

「あなたは、今後の一時一時の現実の中に生きるのだ。穴澤は現実の世界には、もう存在しない」（中略）

智恵子　会ひ度い、話し度い、無性に。

今後は明るく朗らかに。自分も負けずに、朗らかに笑って征く。

＊召集令状一枚で男たちが次々と戦争に駆り出されていった悲しい時代、多数の若者が国に命じられるままに出征し、帰らぬ人となりました。これは、特攻（ここでは陸軍航空特攻のこと。爆弾を積んだ飛行機で敵艦に体当たり攻撃することが任務）の出撃命令を受けた穴澤利夫少尉（23歳）が、婚約者に宛てた遺書の一部です。「朗らかに笑って征く」と結んでいますが、どれほどの深い思いを込めて綴ったことでしょうか…。詳しい当時の状況や、戦後60年以上を経て関係者が当時を振り返った思いは『知覧からの手紙』（水口文乃著、新潮社）にまとめられています。

④ 文章作りのトレーニング ≫ 小論文

論題 「「不言実行」と「有言実行」、どちらが立派な態度か」（400字以内）

文例

　近年「有言実行」という言葉がもてはやされているようだが、私はこの流れに反対する。なぜなら、「有言実行」は人間の美徳の崩壊につながり、生きにくい世の中になるからだ。

　不言実行とは、文句や理屈を言わずになすべきことを実行することである。ところが、権利意識が発達した現代人の多くは、仕事を与えられると、本当に自分がやるべき仕事かどうか確かめるという。また、臆面もなく自己目標を宣言してしまう。理屈がどうのではなく、これは人間として褒められる態度ではない。

　以前、良寛さんの自戒何か条とかいうのを読んだことがあるが、そこには、「口かず多きこと」とあった。有言実行が多数派になったら、実にいやらしい、生きにくい世の中になるだろう。黙々と実行する美徳の人が評価されず、「私はこれだけやっています」と公言した人が評価される。「言ったもの勝ち」の世の中だ。

　そのようなわけで、私は「不言実行」こそ立派だと考える。

(A.M.)

⑤ 保育の蘊蓄あれこれ ≫ 食事のマナー

　食事にはその場所や料理内容によって決まりごとがあります。その場面に応じた食事のマナーを守ることは、お互いにおいしく食事をするうえで不可欠です。例えば、お昼ご飯などの配膳は、汁椀を右側、茶椀を左側に置きます。特に小さな子どもたちと日常的に接している保育者は、常によい見本となるような行動をとらなければなりません。

食事の時間は、まさにその人の行儀のよし悪しがあからさまに出てしまいますので注意が必要です。

身につけたい食事マナーの例

① 食事の前には手洗いをする。

② 背筋を伸ばしてよい姿勢で座る。

③ 感謝の気持ちを込めて「いただきます」の挨拶をする。

④ 箸や茶碗の持ち方に気をつける（イラスト参照）。

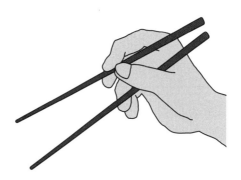

⑤ 茶碗、小皿、小鉢以外の大きめのお皿は、見苦しいので手に持って食べない。

⑥ 食事中にスマホなどをいじらない。

⑦ パンを食べるときは一口サイズにちぎって食べる。

⑧ 感謝の気持ちを込めて「ごちそうさまでした」の挨拶をする。

※ 常日頃から、子どもたちの手本になるような食事マナーを心がけましょう。なお、子どもたちに伝える際には、発達状況をよく確かめながら柔軟に対応しましょう。

学びを深める座右の言葉

「君等、若し永久の幸福を希うなら　絶対正直　無私　愛　奉仕　夢な忘れそ」

（井上秀）

「夢な忘れそ」とは、決して忘れてはいけないということ。日本の女子教育の先駆者、井上秀先生の教えのエッセンスともいえる言葉です。井上先生は、日本女子大学の第4代学長（女性初）、小田原女子学院短期大学（小田原短期大学の前身）の初代学長として活躍しました。NHKの連続テレビ小説「あさが来た」の「のぶちゃん」こと田村宜さんは、井上先生がモデルです。

Lesson20

① 保育の言葉150 》保育の職場

次の保育用語を適切に使えるようにしましょう。

また、文例を音読したり、視写したりして、使い方に慣れましょう。

....

（1） 一般のベビーホテルや託児所などは、**認可外保育施設**として分類されている。

（2） **認証保育所**は東京都が独自に設置したものであり、開所時間が長いなどの特色がある。

（3） **認定こども園**には四つのタイプがあり、保護者が就労していなくても利用可能である。

（4） **保育ママ**とは、市や区から委託を受けて自宅等で子どもの保育を実施する制度である。

（5） 放課後に小学生を預かる**学童保育**のおかげで、共働きの親は安心だ。

＊認定こども園で働く保育者は「保育教諭」と呼ばれます。

② 言葉のエクササイズ 》敬語①

次の下線部を適切な謙譲表現に変えて、書き直しましょう。　　　　➡ 解答はP.143

....

（1） 園長先生のお話を<u>聞く</u>。

（2） ○○先生に<u>言う</u>。　　　　（3） ○○先生に<u>会う</u>。

（4） ○○先生のお名前は入学前から<u>知っています</u>。

（5） 先生から本を<u>借りる</u>。　　　（6） 先生に記念品を<u>やる</u>。

（7） 先生から本を<u>もらう</u>。　　　（8） 新しい紙芝居を先生に<u>見せる</u>。

> **チャレンジ問題** （　）内の平仮名を正しい漢字に直しましょう。
>
> ①名刺を(こうかん)する。　　　　　②両チームの選手が(こうかん)する。
> ③(こうしょう)な趣味を持つ。　　　④昔話は(こうしょう)による文芸だ。
> ⑤勤務条件について(こうしょう)する。

③ Let's 名文音読

次の詩を音読しましょう。

- -

『一つのメルヘン』　中原中也

秋の夜は、はるかの彼方に、

小石ばかりの、河原があって、

それに陽は、さらさらと

さらさらと射しているのでありました。

陽といっても、まるで硅石か何かのようで、

非常な個体の粉末のようで、

さればこそ、さらさらと

かすかな音を立ててもいるのでした。

さて小石の上に、今しも一つの蝶がとまり、

淡い、それでいてくっきりとした

影を落としているのでした。

やがてその蝶がみえなくなると、いつのまにか、

今迄流れてもいなかった川床に、水は

さらさらと、さらさらと流れているのでありました……

④ 文章作りのトレーニング ≫ 作文

題名「思い出の味」（400字以内）

- -

文例

　母の作る料理が好きだ。そのなかでも特に好きなのは味噌汁である。

　私は小学生の頃から朝ご飯を残して学校へ行くことが多く、母を困らせていた。しかし、ほかのおかずを残しても必ず飲んでいたのが味噌汁。なぜなら、母の作る味噌汁は、化学調味料を一切使わず、かつお節で出汁を取っていたため特

別においしかったからだ。

　そんな私の好みをみて、母は考えたのだろう。ある日の朝、味噌汁の中に、たくさんの人参、玉ねぎ、大根、豆腐、椎茸が入っていた。まるで煮物の中に汁を入れたような味噌汁である。さまざまな栄養を味噌汁だけで摂取できるように工夫してくれたのだ。固形物の多さには弱ったが、それでも大好きな味だったから残さずに食べてきた。

　今、私が健康でいられるのは、何よりも母が作ってくれた味噌汁のおかげである。いつか私にも子どもができたら、思い出の味になるようなおいしい味噌汁を作りたい。もちろん、たくさんの具材を入れて。

（Y.S.）

⑤　保育の蘊蓄あれこれ　≫ 時間の計算

　今日は、何年の何月何日でしょう。実は暦にはさまざまな種類があります。ふだん、私たちが何気なく使っているカレンダーはグレゴリオ暦という太陽暦ですが、イスラム教国ではイスラム暦を使っていますし、タイでは仏暦を併用しています。

　明治時代の初期まで、日本では太陰太陽暦（旧暦）を使っていました。この暦は主として月の動きがもとになっており、春の訪れ、すなわち立春（2月4日頃）を1年のスタートとしています。お盆は旧暦7月15日頃の季節行事ですが、現在8月15日頃に行うことが多いのはこの暦のずれがあるためです。旧暦は太陽暦に比べると精度は低いものの、毎月15日はほぼ満月でしたから、夜空の明るさや潮の干満が予測しやすいなど、自然観豊かに生活できるという特長がありました。

　また、十干十二支も古くから使われてきた大切な暦法です。これは、中国古来の陰陽五行思想に基づくもので、「甲・乙・丙・丁・戊・己・庚・辛・壬・癸」（こう、おつ、へい、てい、ぼ、き、こう、しん、じん、き）を十干、「子・丑・寅・卯・辰・巳・午・未・申・酉・戌・亥」を十二支と呼んでいます。

　この十干と十二支の組み合わせ（干支）によって暦を表すことができるのですが、ここでは詳しく触れません＊。ただ十二支は、「私は丑年生まれだよ」等と、子どもたちとのやり取りで必ずといってよいほど話題になりますので、ぜひ覚えておきましょう。

　さて、保育の現場では、指導計画の進捗状況を確認するため、時間数を計算することがあります。また、実習では、毎日の出勤時間を計算する必要もあります。ここでは、時間の筆算について確認しておきましょう。

＊例えば、甲子年から癸亥年まで、最小公倍数の60年で一周する還暦がよく知られています。

例　出勤時刻7：50　退勤時刻17：15

```
 17：15
−  7：50
```
15分から50分は引けないので、17時間の1（60分）を繰り下げ、75分とする。

分：75−50＝25

時：16−7＝9

よって、答えは9時間25分となります。

 演習

➡解答はP.145

出勤時間の合計を計算しましょう。

日数	出勤時刻	退勤時刻	計	
1	8：10	17：30	時間	分
2	8：15	17：40	時間	分
3	8：05	18：00	時間	分
4	7：55	17：15	時間	分
5	7：50	12：20	時間	分
6	8：00	18：35	時間	分
7	8：10	17：45	時間	分
8	7：45	17：50	時間	分
9	8：05	18：00	時間	分
10	7：50	18：15	時間	分
11	8：15	13：10	時間	分
計			時間	分

学びを深める座右の言葉

「得意淡然　失意泰然」
とくい たんぜん　しつい たいぜん

うまくいったときは得意になり、うまくいかなかったときは落ち込んでしまうのが凡人。例えば近年のスポーツ界をみていますと、ポイントを稼ぐたびに雄叫びを上げてガッツポーズを取るなど、相手への敬意が感じられない浅ましいふるまいが目に余ります。うまくいっているときは謙虚に淡々と、うまくいかないときには泰然と構えていればいい…。心胆を練ることの大切さを教えてくれる武道の言葉です。

Lesson21

① 保育の言葉150 ≫ 注意すべき病気

次の保育用語を適切に使えるようにしましょう。

また、文例を音読したり、視写したりして、使い方に慣れましょう。

（1） **ノロウイルス**の潜伏期間は24〜48時間である。

（2） 妊婦が**風疹**（ふうしん）に感染すると胎児にも影響が及ぶので要注意である。

（3） 真夏には**脱水症**（だっすいしょう）で具合の悪くなる人が多くなる。

（4） 全身にブツブツの発疹ができるのが**水疱瘡**（みずぼうそう）の特徴の一つだ。

（5） 乳幼児の場合、**麻疹**（はしか）は重症化しやすい。

＊風疹による影響として、耳や心臓に障害が出る場合があります。

② 言葉のエクササイズ ≫ 敬語②

次の文を「ございます」を使って、より丁寧な表現に書き直しましょう。　➡ 解答はP.143

（1） 私が城山軒の店主だ。

（2） 貴店の料理はおいしい。

（3） しかし、値段が高い。

（4） しかも、海老が小さい。

（5） 二杯食べ切ったら半額になる企画が

　　　あれば面白い。

＊形容詞を丁寧に表現する場合、今では何の違和感もなく「です」をつけていますが、昔は形容詞の連用形に「ございます」をつけるのが普通でした。例えば「高い」を丁寧にいう場合、「高く＋ございます」が基本形で、これが音便化して、「高（たこ）うございます」となります。「高いです」よりさらに上品で丁寧な言い方として、今でも通用しますので使い方を知っておいて損はありません。「おはよう（お早う）ございます」の挨拶もここからきています。「高いでございます」などとしないように気をつけましょう。

なお、「やばい」も歴とした形容詞で、丁寧にいうとすれば「やぼうございます」となります。ほかの表現には代えられない豊かな意味内容をもつ言葉ですが、保育の現場では歓迎されません。特に子どもたちの前では使わないように注意しましょう。

チャレンジ問題（　　）内の平仮名を正しい漢字に直しましょう。

①社員の福利（こうせい）。　　　　②悪友と縁を切って（こうせい）する。

③記念誌の原稿を（こうせい）する。　④これが（さいご）のチャンスだ。

⑤（さいご）を看取る。

③ Let's 名文音読

次は、ある小説の抜粋です。音読しましょう。

『風立ちぬ』　堀辰雄

　それらの夏の日々、一面に 薄（すすき） の生い茂った草原の中で、お前が立ったまま熱心に絵を描いていると、私はいつもその 傍（かたわ） らの一本の白樺の木蔭（こかげ）に身を横たえていたものだった。そうして夕方になって、お前が仕事をすませて私のそばに来ると、それからしばらく私達は肩に手をかけ合ったまま、遥（はる）か彼方（かなた）の、縁（ふち）だけ茜（あかね）色を帯びた入道雲のむくむくした 塊（かたま） りに覆（おお）われている地平線の方を眺めやっていたものだった。ようやく暮れようとしかけているその地平線から、反対に何物かが生れて来つつあるかのように……

＊スタジオジブリの長編アニメーション映画『風立ちぬ』のモチーフとなった作品です。

④ 文章作りのトレーニング ≫ 小論文

論題「世界平和を実現する方法」（400字以内）

文例

　人間が人間としてこの世で暮らしている限り、世界平和は実現しないと考える。なぜなら、人間には「欲」があるからだ。

　例えば、今日本は格差社会といわれており、戦争こそしていないが、平和な状態とはいえない。格差は主として経済競争の結果生じたものである。よりよい生活を手にしたいという欲が原因だ。

　また、政治体制の違いによる争い、宗教の違いによる戦争なども、すべてもとをたどれば欲だ。よりよい生活を手に入れたい、神のためによりよい世界にした

いなど、一見すると悪い動機にはみえないものもあるが、他者に損害を与える限り、争いは争いである。

　世の中には人の数だけ考え方があり、各々が自分なりに正しいと思って行動しようとしている。しかし、その正しさとは「欲」なのである。人間とはそういうものなのだ。

　結局、欲を捨てれば平和になるだろうが、人間が人間でいる限り欲はなくならないので、世界平和を実現する方法はないのである。

(N.U.)

⑤　保育の蘊蓄あれこれ ≫ よくある表記の間違い

　園だよりやクラスだよりは園の顔ともいえる公的な文書ですから、感情的な表現や誤字・誤用は極力避けたいものです。必ず管理職に目を通していただいてから印刷するようにしましょう。

　また、連絡帳にも細心の注意が必要です。筆者の知り合いに、「今日の〇〇ちゃんは最悪でした。……」と、子どもの失敗を感情にまかせて書き連ねた連絡帳をもらったお母さんがいます。一度書いてしまった言葉は取り消すことができないということを胸に刻んでおきましょう。

　さて、若い人たちの文章をみていますと、勘違いしたまま覚えてしまったと思われる誤用に出くわすことがあります。

　例えば、ノートに「達」や「界」「様」を書いてみましょう。図のような文字を書いていませんか。

達　　界　　様

　「達」の旁（右下）は横棒三本の羊です。「界」の下は「介」ですから、開きません。「様」の旁の縦線は上から下まで続いているのが正解です（※旧字体には「樣」があります）。

　「花子ちゃんがはなじを出した」「一人づつ渡します」なども誤用です。

　次の表は、保育の現場で子どもたちの様子を表現する際によく使う漢字です。適切に書いて使えるようにしましょう。

飽きる	（あきる）	砂遊びに飽きる
呆れる	（あきれる）	汚れ具合に呆れる
温かい	（あたたかい）	心が温かい
慌てる	（あわてる）	指名されて慌てる
勇ましい	（いさましい）	勇ましい応援歌
苛立つ	（いらだつ）	待たされて苛立つ
疑う	（うたがう）	信憑性を疑う
敬う	（うやまう）	先生を敬う
恨む	（うらむ）	相手を恨む
嬉しい	（うれしい）	出会えて嬉しい
臆する	（おくする）	声をかけられ臆する
厳か	（おごそか）	厳かな卒業式
怒る	（おこる）	烈火のごとく怒る
穏やか	（おだやか）	穏やかな人柄
賢い	（かしこい）	賢い選択
偏る	（かたよる）	偏った考え
嫌う	（きらう）	争いを嫌う
悔しい	（くやしい）	負けて悔しい
険しい	（けわしい）	険しい表情
謙虚	（けんきょ）	謙虚な態度
快い	（こころよい）	快い風
怖い	（こわい）	お化けが怖い
寂しい	（さびしい）	一人ぼっちは寂しい
情緒	（じょうちょ）	情緒の発達
健やか	（すこやか）	健やかな成長
清潔	（せいけつ）	清潔を心がける
辛い	（つらい）	辛い立場
丁寧	（ていねい）	丁寧に書く
得意	（とくい）	得意な科目

嘆く	（なげく）	不幸を嘆く
悩む	（なやむ）	恋に悩む
慣れる	（なれる）	仕事に慣れる
苦手	（にがて）	苦手な科目
激しい	（はげしい）	往来が激しい
励ます	（はげます）	友を励ます
恥ずかしい	（はずかしい）	見つめられて恥ずかしい
密か	（ひそか）	密かに憧れる
奮う	（ふるう）	勇気を奮う
偏食	（へんしょく）	偏食をなくす
没頭	（ぼっとう）	遊びに没頭する
迷う	（まよう）	道に迷う
見事	（みごと）	見事な作品
無駄	（むだ）	無駄な抵抗
珍しい	（めずらしい）	珍しい行事
易しい	（やさしい）	易しい試験
優しい	（やさしい）	気立てが優しい
誘惑	（ゆうわく）	誘惑に負ける
譲る	（ゆずる）	席を譲る
礼儀	（れいぎ）	礼儀正しい
煩わしい	（わずらわしい）	集団活動が煩わしい

学びを深める座右の言葉

「風立ちぬ、いざ生きめやも。」

（堀辰雄『風立ちぬ』）

「風が出てきた、さあ生きよう」。フランスの詩人、ポール・ヴァレリー（Paul Valéry, 1871-1945）の詩、「海辺の墓地」の一節です。風は地球という生命体の息吹きのようなもの。作者は、その生命のほとばしりに触れ、生きる希望を感じたのかもしれません。
※原詩（Le vent se léve, il faut tenter de vivre!）では、生きようとする強い意志を謳っています。ところが、「生きめやも」では生への意志が曖昧です。文学的な意図があったのか、古語の使い方を間違ったのか、今となっては不明です。

遊ぶことは学ぶこと
—子ども固有の「遊ぶ」権利—

　子どもは、大人に一方的に養護されるだけの未熟な存在ではなく、自らの意見を表明し、社会に主体的に参加する権利を有しています。

　1989（平成元）年には、「児童の権利に関する条約」（Convention on the Rights of the Child：以下「子どもの権利条約」と略記）が第44回国連総会によって採択（翌年に発効、日本は1994（平成6）年に批准）されました。子どもの権利条約では、18歳未満の児童（子ども）を権利行使の主体者として位置づけ、子どもの生存、発達、保護、参加の権利を保障しています。

　子どもの権利条約の31条(Article 31)では、子ども固有の権利として子どもの「遊ぶ権利」も保障し、「児童がその年齢に適した遊び(play)及びレクリエーション活動(recreational activities)を行い並びに文化的な生活及び芸術に自由に参加する権利」についても規定しています。すなわち、子どもの心身の健康な発達にとって遊びが重要であることを明言しているのです。

子どもの遊び環境の変化
一 三間（サンマ）の減少

　子どもたちは、大人に監視されることなく、子ども同士の集団で自由に伸び伸びと遊ぶことを通して、社会性や協調性を養ってきました*。

　しかしながら、子どもたちの遊び環境は急速に変化していきました。日本においても1960年代の高度経済成長に伴う都市化、核家族化、少子化などの影響を受け、1970年以降から、都市部における「三間（サンマ）」の減少が社会問題視されるようになりました。「三間」とは、子どもが心身健やかに成長・発達していく過程で重要な三つの「間」を意味しています。一つ目の「間」は、「時間（子どもたちが自由に遊べる時間）」、二つ目は「空間（自由に遊べる場所）」、そして三つ目は「仲間（異年齢も含めた遊び友達）」を意味しています。

　子どもの遊ぶ権利をどのように守っていけるのか。行政、地域社会の大人、そして教育関係者には子どもたちが安心して自由に遊べる環境を協働して守り、築いていくことが求められているのです。

* 仙田満『こどものあそび環境 増補版』鹿島出版会, 2009.

Lesson22

 保育の言葉150 ≫ 子どもの福祉

次の保育用語を適切に使えるようにしましょう。

また、文例を音読したり、視写したりして、使い方に慣れましょう。

....

（1）保育は、常に**児童の最善の利益**を考えてなされなければならない。

（2）身の回りに相談相手のいない子育て家庭を助けるために**子育て支援**がなされる。

（3）**社会的養護**とは、例えば親の離婚や、貧困などのために恵まれない子どもに対して社会が公的な支援をしていくことである。

（4）障害や能力の有無にかかわらず、あらゆる子どもが地域社会のなかで受け入れられることを**インクルージョン**という。

（5）保育者は、**個人情報保護**に細心の注意が必要である。

＊インクルージョンには、「包括」や「包み込む」といった意味があります。

 言葉のエクササイズ ≫ 適切な表現③

より適切な表現を使って、文を書き直しましょう。　　　　➡ 解答はP.143

....

（1）さわやかな風が気持ちかった。

（2）こちらが、収君が描いた絵になります。

（3）はい、喜んでやらさせていただきます。

（4）（目上の人へのメールで）了解しました。

（5）お子さんのご活躍を期待してお待ちしております。

チャレンジ問題（　）内の平仮名を正しい漢字と送り仮名に直しましょう。

①彼女とは趣味が（あう）。　　②久しぶりに（あう）。　　③交通事故に（あう）。

④（あつい）季節。　　　　　　⑤（あつい）涙。　　　　　⑥（あつい）靴下。

---

③　Let's 名文音読

次は、ある随筆の抜粋です。音読しましょう。

．．

『美味い豆腐の話』　北大路魯山人

　美味い湯豆腐を食べようとするには、なんといっても豆腐のいいのを選ぶこと
が一番大切である。いかに薬味、醤油を吟味してかかっても、豆腐が不味ければ
問題にならない。

　そんなら、美味い豆腐はどこで求めたらいいか？　ズバリ、京都である。

　京都は古来水明で名高いところだけに、良水が豊富なため、いい豆腐ができ
る。また、京都人は精進料理など、金のかからぬ美食を求めることにおいて第一
流である。そういうせいで、京都の豆腐は美味い。

　一方、東京では、昔、笹乃雪などという名物の豆腐があった。これもよい井戸
水のために、いい豆腐ができたのだが、今は場所も変わって、わずかに盛時の面
影を偲ぶばかりだ。

　東京は水の悪いことが原因してか、古来、豆腐の優れた製法が研究されていな
い。そんなわけで、昔も今も東京で美味い豆腐を食べることはまず不可能だ。そ
れに、よい豆腐を美味く食うための第一条件であるいい昆布が、東京では素人の
手に入りにくいから、なおさらむずかしい。

---

④　文章作りのトレーニング　≫ 作文

題名「私のお気に入り」（400字以内）

．．

文例

　中学1年のときにブラスバンド部に入部し、サックスを習い始めた。今も地域
の楽団に所属して吹いている。サックスには音の高さの異なるいくつかの種類が

ある。私は大きくて音の低い「バリトンサックス」を吹いている。これが私のお気に入りだ。

　初めて吹いたときは、重たくて音が低くて、メロディーもないしつまらないと思ったが、だんだんと低音のかっこよさ、曲を支える大事な役割を感じられるようになり好きになった。

　いまだに重くて疲れることもあるし、肺活量が落ちてきてつらいときもあるが、最近ではテレビやラジオから曲が聞こえてくると、自然にベースの音をメインに聴いてしまっていることもある。そんなときは、曲全体を支えるかっこよさと重要性を再認識し、この楽器がますます愛おしくなる。

　演奏をしていてもあまり気づかれないことが多いが、バリトンサックスがいかに素敵な楽器か、たくさんの人に知ってもらえたらうれしい。

(T.F.)

⑤　保育の蘊蓄あれこれ ≫ 実習日誌でよく使う言葉

次の実習日誌の（　）内の片仮名を漢字に直し、送り仮名も正しく書いてみましょう。
きれいな文字を意識しましょう。　　　　　　　　　　　　　➡ 解答はP.145

〈一日の記録〉

担任のねらい：（1．ユウギ）の隊形移動の流れをつかむ。

実習生の課題：子どもの（2．ハッタツ）の状態に着目し、走り方や生活の状態を見て学ぶ。

明日への課題：子どもたちの（3．コウドウ）からその意味や気持ちを考える。

日付：9月10日（木）晴れ

クラス：さくら組（3歳児クラス）

出席：男児9人、女児12人

時間	子どもの活動	保育者の援助と配慮	実習生のかかわり
8：30	・順次（4．トウエン）する。	・（5．ホゴシャ）と子どもに（6．アイサツ）をし、明るく声をかける。	・子どもに寄り添い、（7．ミジタク）を整える（8．エンジョ）をする。
9：00	・（9．ウンドウカイ）の打ち合	・赤組と白組に分かれて並ぶように（11．ウナガ	・（12．クツ）を反対に履いている子どもに声をか

	わせをする。 ・（10. カイカイ シキ）とかけっ こ の 練 習 を す る。	ス）。 ・本番のようにかけっこの 練習をするように話す。	け る。 ・ゴールテープを持って （13. オウエン）する。
9：45	・保育室に戻り、 （14. ハ イ セ ツ）して（15. スイブンホキュ ウ）をする。 ・朝の会で「とん ぼのめがね」を 歌う。	・全員が（16. ソロウ） まで（17. テアソビ） をする。 ・歌いやすいようにピアノ を（18. ヒク）。 ・「どうぞ」「ありがとう」 のやり取りができるよう に声がけする。	・（19. ムギチャ）をテー ブルに持っていき、自分 のものがあるか聞く。 ・子どもたちの（20. ヨ ウス）を見ながら、口を 大きく開けて歌う。
12：00	・ごちそうさまを して(21.ショッ キ)を片付け る。 ・パジャマに着替 えて（22. エ ホン）を読む。	・（22. エホン）を（23. モドス）ように声がけし て、にらめっこをする。	・パジャマに着替える （20. ヨウス）を見守 り、（24. ジョウキョ ウ）に応じて手助けす る。
12：30	・（25. ゴスイ） のための布団を 敷く。	・（26. ニュウミン）でき るように、話をしている 子どもに声をかける。	・子どもの（27. セナカ） や胸をさする。
降園時	・実習生と順番に （28. アクシュ） する。	・園長に今日の子どもの状 態を（29. ホウコク） する。	・保育室や（30. ゲンカ ン）などを清掃する。

〈今日の実習の振り返り〉

今日の保育全体に関する省察
今日は、（31. キュウショク）で（32. ナットウ）が出て、早く食べ終わる子ど もとゆっくり食べている子どもの差が大きかった。（33. ハミガキ）をしたらパジャ マに着替えるが、早く食べ終わって時間に（34. ヨユウ）があったＡちゃんは、 ゆっくりとパジャマの（35. ジュンビ）をしていた。「お着替え（36. ガンバレ）」

と声をかけたが、タオルや（37. カゴ）を（38. イジッテ）着替えようとしなかった。

　そこへ、ロッカーが近いB君がやってきた。そこで、私が「AちゃんとB君とどっちのほうがお着替え速いかな」と声をかけた。すると、AちゃんはB君と（39. イッショ）に着替え始めた。B君はすぐに着替え終わり、（22. エホン）を読みに行った。「B君速かったね」と声をかけてもあまり（40. ヨロコンデ）いなかったため、Aちゃんを（41. イシキ）して着替えていたわけではなかったことが考えられる。

　Aちゃんは、（42. ジュンチョウ）に着替えていたが、B君が先に終わったのを見て「負けちゃった」と言って泣きそうになった。私が「Aちゃんもお着替え（43. イッショウケンメイ）だったよ。今度はもっと速く着替えられるようにしようね」と言うと、「うん」と答えて着替えを終わらせ、（22. エホン）を読み始めた。寝る前にも「先生ちゃんと起こしてね」と念押ししていたので、着替えのことを考えているようだった。

　（44. キショウゴ）、Aちゃんに「お着替え（36. ガンバレ）」と声をかけた。すると、Aちゃんはすぐに着替えに取りかかり、あっという間に着替えが終わった。（45. ロウカ）で見守っていた私のもとに来て、「終わったよ」と言った。「（46. スゴイ）ね。とっても速かったね」と言うと、（47. ウレシソウ）に笑った。

　今日は、昨日の雷のことを踏まえて（17. テアソビ）歌の「かみなりどんがやってきた」をした。今日は子どもの（48. ハンキョウ）も大きかった。（49. カンタン）な説明をしたのだが、もっと一つひとつの動きを説明すれば、理解がより深まって楽しめたのではないだろうか。昨日の（50. ハンセイ）を活かして、今日はうまく子どもの活動とかかわれたと思う。

（文例　A.O.）

学びを深める座右の言葉

「越えなばと思いし峰に来てみれば　なお行く先は山路なりけり」
（西岡佳学）

円覚寺如意庵（鎌倉）の元住職、故・西岡佳学先生（大和尚）の短歌です。先生は僧籍をもちながら小学校教諭をされ、筆者ら教え子の卒業に際し、この歌をくださいました。

子どもが主人公の遊び場・学び場
—冒険遊び場・プレーパーク—

冒険遊び場は、Adventure Playground の和訳で、日本ではプレーパークとも呼ばれています。「自分の責任で自由に遊ぶ」…冒険遊び場の入り口に掲げられている標語です。そこに足を踏み入れると、原っぱや野原、小山などが広がっています。「自分の責任で自由に」とあるように、敷地内では「触ってはいけない」「入ってはいけない」などの禁止事項は一切ありません。土を踏みしめ、木々に囲まれた自然豊かな環境で、子どもたちはさまざまな世代の人々やモノ（廃材や工具、ときには火も登場します）と触れ合いながら自分たちで遊びを創造していく、遊びの主人公となるのです。

子どもたちは、豊かな自然のなかで、木登り、水遊び、泥遊びなど、さまざまな遊びを自由自在に展開していきます。

冒険遊び場の源は1943年にデンマークのコペンハーゲン市の郊外に作られた「エンドラップ廃材遊び場」にまで遡ります。ガラクタがころがっている遊び場には、整備された児童公園などより嬉々として遊んでいる子どもの姿がありました。

日本に初めて常設の冒険遊び場が開園したのは、1979（昭和54）年です。東京都世田谷区の国際児童年の記念事業として、冒険遊び場「羽根木プレーパーク」が行政（世田谷区）と市民による協働運営のもとに誕生したのです。

羽根木プレーパーク初の常駐のプレーリーダー（子どもが自由に遊べる環境を整えるスタッフ、遊びの見守り役）であった、天野秀昭氏（NPO法人日本冒険遊び場づくり協会）は、子どもの様子を次のように述べています。「火が使えるのでとても遊びが広がっています。料理はもちろん、釘を真っ赤に焼いてたたいての鍛冶屋遊びやアルミを溶かしての鋳物屋遊びなども出ます。子どもは、とにかく作るのが大好き。与えられるものより、創ることが大好きです。」[*]

子どもは木の葉一枚、小石一つからでも、想像力を膨らませて、新しい遊びを創り出し、楽しむことができます。子どもはまさに遊びの天才、そして遊び体験は子どもの生きる力の源となっていくのです。行政や市民団体、地域住民は協働して、子どもたちが主人公の遊び場をハード面から支えているのです。

＊ 天野秀昭「生きる力は遊ぶことにあり!」日本子どもを守る会編『子どものしあわせ』792号, 本の泉社, p.16, 2017.

Lesson23

1 保育の言葉150 » 安全

次の保育用語を適切に使えるようにしましょう。

また、文例を音読したり、視写したりして、使い方に慣れましょう。

・・・

（1）万が一の災害に備えて**避難訓練**をすることが重要だ。

（2）保育所の近くで火災が発生したので、子どもたちを**緊急避難**させた。

（3）重大事故を防ぐには、まず**ヒヤリハット**に対する意識をもつことが重要だ。

（4）保育者は、日頃から事故が起きないように**自主点検**しなければならない。

（5）保育者は、子どもの安全のために**危機管理**を常に意識する必要がある。

＊危機管理のことを別の言葉でリスクマネジメントともいいます。

2 言葉のエクササイズ » 比喩

何かを別の物にたとえることを「比喩」といいます。比喩には「直喩」「隠喩」「擬人法」があります。例にならって、比喩の文を考えて書きましょう。

・・・

（1）【直喩】 文例 こんなところで再会するなんて、まるで宝くじにでも当たったようね。

　　　　　　　　　文枝の声は、（たとえば）ウグイスのように可憐だ。

＊文例のように、「まるで」「ようだ」「たとえば」等を使い、一見して、たとえであることがわかる言い方を「直喩」といいます。

（2）【隠喩】 文例 あの頃、君は僕の太陽だった。

　　　　　　　　　意気投合した４人は、四つ葉のクローバーだ。

　　　　　　　　　きっと湘南プールは芋洗い場だ。高原へドライブに行こう。

＊文例のように、「まるで」「ようだ」「たとえば」等を使わずに別の物にたとえることを「隠喩」といいます。

（3）【擬人法】 文例 今日はスマホの機嫌がよい。

　　　　　　　　　　直樹の自動車が喜びのエンジン音を響かせた。

＊スマホや自動車は人間ではありませんから、「機嫌」も「喜び」もありません。このように、人でないものを人に見立てて表現することを「擬人法」といいます。

チャレンジ問題 （　）内の平仮名を正しい漢字と送り仮名に直しましょう。

①ボールを的に（あてる）。　　②バイト代を学費に（あてる）。
③手順を（あやまる）。　　④心から（あやまる）。
⑤気性が（あらい）。　　⑥縫い目が（あらい）。　　➡解答はP.144

③ Let's 名文音読

次は、ある小説の抜粋です。音読しましょう。

『怪談』　小池真理子

　秋の午後の光が射しこみ、車内はむんむんとして蒸し暑いほどである。外が涼しいせいか、冷房はつけられていない。

　何か息苦しいような感じになったので、後部座席の窓を細めに開けた。風が、びゅうびゅうと唸（うな）り声をあげながら吹きつけてきた。

　バックミラーの中で、タクシーの運転手と目が合った。白い制帽をかぶった初老の運転手だった。ミラーには、黄色く濁った大きな二つの目玉だけが映っていた。

「岬には行かれないんで？」

　岬、と聞いてぎょっとしたが、咄嗟（とっさ）に私は知らないふりをして訊き返した。

「岬、って？」

「いやですね、お客さん。S岬ですよ。ほら、あの断崖のある……」

「いえ、私は……」

「そうですか」と運転手は言い、わざとらしく言葉を濁すようにして話題を変えた。「しかし、今日は風が強いですねえ。今は晴れてても、天気はどんどん下り坂に向かってる、ってね、予報じゃ言ってましたけどもねえ。そのせいですかねえ」

　あのう、と私はおずおずと運転手の背に向かって言った。「そんなにみなさん、行かれるんですか」

「え？」

「いえ、その……岬に」

「ああ、岬ね。いやいや、そんなに、ってわけじゃないけども」

「でも、さっき……」

101

「いやいや」と運転手は曖昧に繰り返しながら、忙しそうにハンドルを右に切った。

　私はそれ以上何も訊かず、黙っていた。

　狭い車内で客と沈黙し合っているのが気づまりなのか、運転手はとってつけたように、このあたりで採れるというキノコの話や、イノシシの六匹家族が一列に並んで道路を横切っているのを目撃した、という他愛のない話を次から次へと威勢よくしゃべり出した。そして、一通り話して話題がとぎれると、再びバックミラーの中で覗(のぞ)きこむように私を見た。

④ 文章作りのトレーニング ≫ 小論文

論題「幸福とは何か」（400字以内）

　　　文例

　幸福とは、愛し愛されることである。なぜなら、愛があることによって、人は人間として生きていくことができるからである。

　生まれて初めに受けるのは、親からの愛だ。そして家族や親戚、近所の方々などたくさんの人に愛されて成長していく。世の中には、さまざまな事情を抱えた人がいるけれど、それでも愛なくして成長してきた人は一人もいない。愛する人、愛してくれる人がいるからこそ、生きられるのだ。

　壁にぶつかって人生がうまくいかないときにも、最後にたどりつくところは、やはり愛であろう。愛をもって支えてくれる人がいれば、きっと立ち直ることができるし、愛する人のために頑張ることもできる。幸福ということを考えたとき、愛に満たされた人生以上の幸福はあり得ないと私は信じている。

　幸福とは誰かが決めるものではなく、自分で感じるものだが、そこには、愛し、愛されるという関係が不可欠であると私は考えるのである。

(S.Y.)

⑤ 保育の蘊蓄(うんちく)あれこれ ≫ 美文字を書こう

　昔から「書は人なり」といいますが、私たちは相手の書いた字を見て、その人となりを判断することがよくあるものです。一方、皆さんが保育者として現場に出ますと、子

どもたちの前で約束ごとを書いたり、連絡帳に保護者へお知らせを書いたりするなど、手書きで字を書く機会が非常に多くなり、「見られる」立場になります。あまりに子どもっぽい字や読みにくい字を書いていると、せっかく身につけた教養や見識まで疑われかねません。相手のことを考え、読みやすくて気持ちのよい字、すなわち「美文字」が書けると素敵です。

　実は筆者（馬見塚）自身、子どもの頃から字が下手でずいぶん損をしてきました。小、中学生の頃のノートは、自分でも判読不能ということがしばしば。大学生になってからも、ワープロ打ちのレポートは高評価でしたが、手書きのレポートはいつもパッとしない成績でした。若き日、恋文を出して返事が来なかったのも、就活で某企業に書類選考で落とされたのも、手書きの文字が原因だったに違いありません（笑）。体験上断言できますが、下手な字を書いて人生で得することは、ほとんどありません。若いうちにしっかり練習しておけばよかったと、つくづく後悔しています。ぜひ自主的に美文字を習得することをお勧めします。ここでは基本的なポイントに絞ってお伝えします。

① 　よいお手本を入手する

　字をきれいに書こうと思っても、お手本がないことには始まりません。ペン習字の教本を入手できればそれに越したことはありませんが、何もなければワープロソフトの教科書体をお手本にすることをお勧めします。

　一画一画がきちっとした楷書、ゆったりとした曲線が魅力の行書や草書、格調高い篆書など、漢字にはさまざまな書体があります。各書体はそれぞれ固有の魅力をもっていますが、点や払いに違いがあることがあり（例えば、令和の「令」と「令」）、子どもたちにとって混乱のもととなることがあります。保育、教育の世界に携わる皆さんは、教科書体をお手本にして練習するとよいでしょう。教科書体は楷書の一種で、子どもたちが文字を書くときの手がかりとして、文部科学省が学習指導要領の別表「学年別漢字配当表」で指定している書体です。

② 　漢字は大きめ、平仮名、片仮名は小さめに書く

　大まかなイメージとして、漢字は大きめに、平仮名と片仮名は漢字より小さめに書くと、収まりがよくなります。なお、漢字の大きさは一律ではなく、やはり画数の多い漢字ほど大きく書きます。

秋のキラキラ展示会のお知らせ

③　面長に書く

漢字ノートのマス目は正方形ですが、これに合わせて書くとなぜか子どもっぽく見えてしまいます。

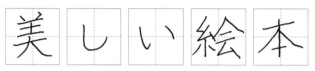

字は少し縦に長く、伸び伸びと書くと大人っぽく見えます。

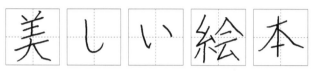

④　角度と間隔を一定にする

間

こちらが教科書体の「間」です。よく見ると、どの横線も同じ角度（約10度）で右肩上がりです。また、横線同士の間隔も一定しています。

⑤　心を込めて丁寧に書く

現場は忙しいので、つい自己流の崩し方でぞんざいに書いてしまいがちですが、楷書をしっかり身につけるまでは我慢が必要です。サラサラと書くのは行書を習ってから。

美文字の秘訣は、読む人への思いやりです。心を込めて丁寧に書きましょう。きっと相手に誠意が伝わります。

学びを深める座右の言葉

「中師は 情（じょう）、上師は 諍（じょう）」

優しいばかりで、子どもがいけないことをしても毅然とした対応が取れない先生が増えています。保護者や子どもたちに嫌われるのが怖くて、優しさを隠れ蓑にしてしまうのです。子どもは可愛がっていればよいというものではありません。「諍」とは「いさかい」「あらそい」のこと。優しくて情に訴えるのは並の教師、上等の教師は弟子と火花の散るような真剣勝負をするものだという格言です。

Column 5

子どもの個性・想像力を育む教育実践
—レッジョ・エミリア・アプローチ—

イタリア北部にある小さな街、レッジョ・エミリア市の幼児学校では第二次世界大戦の直後から、街全体で子ども一人ひとりの意思や個性を伸ばす、芸術に重きを置いた教育に取り組んできました。子ども自身の興味・関心を土台とした学びのテーマを組み立てていく教育方法は、レッジョ・エミリア・アプローチと称され、日本からも視察団が訪れたりしています（2018（平成30）年1月、東京都世田谷区教育委員会ほか）。

レッジョの実践の創始者の一人、ローリス・マラグッツイ（1920-1994）は、「子どもには百とおりある。子どもには百のことば 百の手 百の考え 百の考え方 遊び方や話し方…」などがあるのに、「学校や文化が頭とからだをバラバラにする。そして子どもにいう 手を使わずに考えなさい 頭を使わずにやりなさい 話さずに聞きなさい ふざけずに理解しなさい…そして百のうち九十九を奪ってしまう」*（田辺敬子他訳）と詠んでいます。

子どもが100人いれば100とおりの考えや表現の仕方があります。子どもたちは好きな素材を選んで自由な創作活動に精を出します。

このように子どもの個性や権利を尊重することに重きを置くレッジョではどのような教育を実践しているのでしょうか。

その最大の特徴は、「アトリエ」という共有スペースがあり、子どもたちが自由な発想で思いのままにアートを創り出せるような工夫（さまざまな形の鏡を配置したり、光と影を取り入れ、影遊びができる）が施されている点にあります。そこには、さまざまな素材（ビーズ、貝殻、ビー玉、木の葉、砂、小石、紙、絵具、筆など）も置いてあり、アトリエスタ（美術の専門教師）やペダゴジスタ（教育学の専門教師）も教育活動に参加し、子どもの好奇心に応じていきます。学校の中心に設けられた「ピアッツア（広場）」を取り囲んで各クラス室があり、それぞれにミニ・アトリエ（各クラスにある、小さなアトリエ）、暗い部屋などがつながっています。こうした空間の中で、子どもたちは好きな素材を手にして、見てきたもの、感じたこと、頭の中にある発想を自由に表現していくのです。

子どもは感じたことや伝えたいことを言葉や文章で表現するという点では未熟ですが、身の回りの素材を活かして自由に表現する力には秀でており、すでに「100の言葉」を有しているのです。レッジョの教育理念は、周囲の大人たちが子どもの発想力や想像力の豊かさを認め、子どもたちの声に耳を傾けながら、ともに成長していくという実践に示されています。

---

* レッジョ・チルドレン, 田辺敬子・辻昌宏・木下龍太郎訳『子どもたちの100の言葉―イタリア／レッジョ・エミリア市の幼児教育実践記録』学習研究社, p.3, 2001.

Lesson24

1 保育の言葉150 » 日常における保育の進め方

次の保育用語を適切に使えるようにしましょう。
また、文例を音読したり、視写したりして、使い方に慣れましょう。

（1）シフト勤務などのために保育者が交代する場合、**引き継ぎ**をしなければならない。

（2）**動線**とは、保育活動中における人やモノの動きを表す線のことである。

（3）**俯瞰**（ふかん）とは、高い位置から見下ろして全体を理解することである。

（4）**担任制**とは、一つのクラスを一人または複数の保育者が年間を通して担当する制度のことである。

（5）**環境図**は、モノだけではなく、保育者や子どもの位置関係などの環境構成を図で表したものである。

＊引き継ぎの例としては、子どもの様子などを口頭または文書で伝えることがあげられます。

2 言葉のエクササイズ » 四字熟語

次の四字熟語には間違いがあります。正しく書き直しましょう。　➡解答はP.144

（1）異句同音（皆が同じことを言うこと）

（2）一語一会（一生に一度だけの巡り会い）

（3）意味慎重（深い意味があること）

（4）危機一発（危険が迫っていること）

（5）五里夢中（見通しが全くつかないこと）

（6）守備一貫（始めから終わりまで、考え方などがぶれないこと）

（7）自我自賛（自分で自分のことをほめること）

（8）絶対絶命（どうにもならない困難な状況）

（9）短刀直入（前置きなく、本題に入ること）

（10）無我霧中（自分を忘れるほど熱中すること）

( ) 内の平仮名を正しい漢字と送り仮名に直しましょう。

①言葉に（あらわす）。　②姿を（あらわす）。　③小説を（あらわす）。

④傷口が（いたむ）。　⑤潮風で車が（いたむ）。　⑥恩師の死を（いたむ）。

③ Let's 名文音読

次は、ある小説の抜粋です。音読しましょう。

　　『細雪』　谷崎潤一郎

　　「こいさん、頼むわ。───」

　　鏡の中で、廊下からうしろへ這入って来た妙子を見ると、自分で襟を塗りかけていた刷毛を渡して、其方は見ずに、眼の前に映っている長襦袢姿の、抜き衣紋の顔を他人の顔のように見据えながら、

　　「雪子ちゃん下で何してる」

　　と、幸子はきいた。

　　「悦ちゃんのピアノ見たげてるらしい」

　　───なるほど、階下で練習曲の音がしているのは、雪子が先に身支度をしてしまったところで悦子に掴まって、稽古を見てやっているのであろう。悦子は母が外出する時でも雪子さえ家にいてくれれば大人しく留守番をする児であるのに、今日は母と雪子と妙子と、三人が揃って出かけると云うので少し機嫌が悪いのであるが、二時に始まる演奏会が済みさえしたら雪子だけ一と足先に、夕飯までには帰って来て上げると云うことでどうやら納得はしているのであった。

④ 文章作りのトレーニング ≫ 作文

題名「正月」（400字以内）

> 文例
>
> 　わが家は、祖母と両親、姉二人と私の6人家族だ。毎年、正月は全員で賑やかに迎えている。お節とお雑煮を食べ、家の裏の神社へお詣りに行き、昼は駅伝を見て、夜は親戚を呼んで新年会をする。

わが家の正月はお祝いごとが一つ多い。「正一郎」の名のとおり正月生まれの父は、新しい年とともに一つ歳を取る。当の本人は、昭和の頑固親父のような考えをもったシャイな酒飲みで、毎年みんながお祝いをしてもほとんど機嫌を悪くしている。凝り固まった日本の男性像を代表するような男だと、私は面白く思っている。

ちなみに、次女は12月24日のクリスマスイブ生まれだから、わが家は年を越す前からお祝い続きである。だが、成長するにしたがい、全員が揃って正月を迎えることが難しくなってきたのは何とも寂しい。

当たり前だと思っていた家族との時間だが、一緒にいられることはとても幸運なことなのかもしれない。家族と過ごせる一日一日を一層大切にしたいと思う。

(T.M.)

⑤ 保育の蘊蓄あれこれ ≫ お礼状・年賀状の書き方

お礼状の書き方

園や施設の方々にとって、実習生の受け入れは大きな楽しみです。「今年の実習生はどんな人だろう」と興味津々ですし、「教職員と明るく元気に交流してほしい」、「子どもたちに新しい遊びを紹介してほしい」、「現場のことをいろいろと教えてあげたい」といった願いや期待感でいっぱいです。

その一方で、実習生の受け入れにはさまざまな準備や配慮が必要で、直接的な指導以外にも負担が発生します。落ち着いていたクラスが騒然としてしまい、もとに戻すのに何週間もかかったという例もあります。

それでも、先生方は快く受け入れてくださっています。子どもたちの未来のため、そして、自分たちの仕事を託せる人材を育てようという使命感に燃えて指導してくださったことを決して忘れてはいけません。お世話になった幼稚園、保育所、施設には、必ず感謝の気持ちを伝えるお礼状を書きましょう。

お礼状の基本形式

① 頭語（拝啓、謹啓など）

② 時候の挨拶（季節の挨拶をし、先方の安否を尋ねる）

③ 本文（お世話になったお礼、どのような体験や学びが得られたのか、反省や決意）

④ 結びの言葉（今後の指導を依頼、相手の健康を祈る）

⑤ 結語（敬具、敬白など）

⑥ 日付

⑦　署名（自分の所属と名前）

⑧　宛名（相手の所属と名前）

＊近年、このような形式にとらわれない手紙のやり取りが増えてきていますが、まずは基本形で書けるようにしましょう。

注意点

- 実習終了後、1週間以内に投函する。
- 封筒、便せんは縦書きの白無地を使用する。
- 黒かブルーブラックのペン書きとする。
- 誤字脱字のないように、辞書を使う。書き終えたら読み返す。
- なるべく行末が文節の途中で切れないように配慮する。特に人名の場合は厳禁。先生方の名前は、便せんの上のほうにくるように配慮する。

本文について

感謝の気持ちを自分の言葉で伝えましょう。ありきたりの文句を杓子定規に並べるよりも、印象的な出来事や、そこから何を学べたのかなど、感想を交えながら素直に述べた文章のほうが好感がもてます。

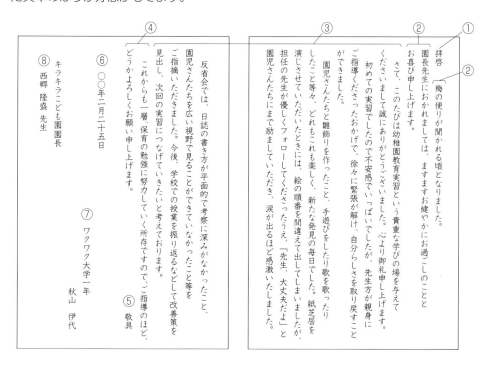

① 拝啓

② 梅の便りが聞かれる頃となりました。

② 園長先生におかれましては、ますますお健やかにお過ごしのことお喜び申し上げます。

さて、このたびは幼稚園教育実習という貴重な学びの場を与えてくださいまして誠にありがとうございました。心より御礼申し上げます。

③ 初めての実習でしたので不安でいっぱいでしたが、先生方が親身にご指導くださったおかげで、徐々に緊張が解け、自分らしさを取り戻すことができました。

園児さんたちと雛飾りを作ったこと、手遊びをしたり歌を歌ったりしたこと等々、どれもこれも楽しく、新たな発見の毎日でした。紙芝居を演じさせていただいたときには、絵の順番を間違えて出してしまいましたが、担任の先生が優しくフォローしてくださったうえ、「先生、大丈夫だよ」と園児さんたちにまで励ましていただき、涙が出るほど感激いたしました。

④ 反省会では、日誌の書き方が平面的で考察に深みがなかったこと、園児さんたちを広い視野で見ることができていなかったこと等をご指摘いただきました。今後、学校での授業を振り返るなどして改善策を見出し、次回の実習につなげていきたいと考えております。

これからも一層、保育の勉強に努力していく所存ですので、ご指導のほど、どうかよろしくお願い申し上げます。

⑤ 敬具

⑥ ○○年二月二十五日

⑦ ワクワク大学一年

秋山　伊代

⑧ キラキラこども園園長

西郷　隆盛　先生

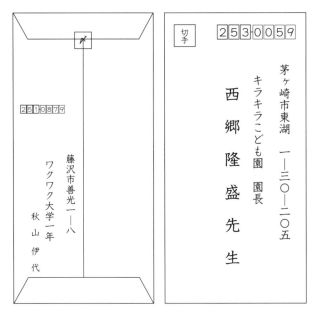

年賀状の書き方

　年賀状は、なかなか会いに行けない遠くの人に、新年を祝う気持ちを伝える目的で始まったものです。1000年以上もの昔、平安時代の頃から書かれていました。

　皆さんの場合、年賀状には次の六つの内容を書くとよいでしょう。

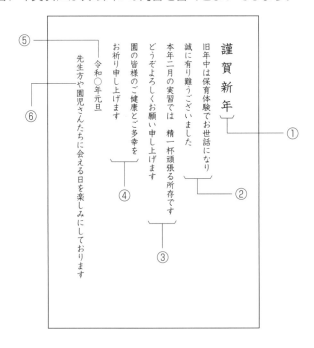

① 賀詞

• 最初に大きめの字で書きます。目上の人には「謹んで新年のお喜び（お慶び）を申し上げます」「謹賀新年」「恭賀新年」等、へりくだった表現の賀詞を添えます。「寿」

「賀正」「迎春」「HAPPY NEW YEAR!」等は、友達や年下の人への賀詞です。

　なお、「新年明けましておめでとうございます」は、「新年」と「明けまして」が重複していて誤用だと主張する人がいますが、気持ちの改まりを強調しているととらえることもでき、必ずしも間違いとはいえません（ただ、「謹賀新年」に続けて「明けましておめでとうございます」と書くのは明らかな重複表現です）。

② 　新年を迎えた喜びや日頃の感謝

- 「清々しい春をお迎えのことと存じます　旧年中は大変お世話になりました」「旧年中は○○体験（ボランティア活動）で大変お世話になり有り難うございました」など。

③ 　変わらぬお付き合いや指導を願う言葉

- 「本年もご指導ご鞭撻のほどよろしくお願い申し上げます」
　「充実した実習になるよう決意を新たに保育の学習をしっかりとしてまいります　どうぞよろしくお願いいたします」など。

④ 　相手の幸せを祈る言葉

- 「向寒の折　くれぐれもご自愛ください」
- 「皆様のご健康とご多幸をお祈り申し上げます」など。

⑤ 　日付

- 「令和○年元旦」と書きます。「元旦」は1月1日の朝という意味なので、「令和○年一月元旦」は重複表現です。

⑥ 　添え書き

- なくても構いませんが、定型の言葉だけでなく、「園児さんたちに会える日を楽しみにしております」など、個性的な添え書きがあると好印象です。ただし、年賀状は新年を言祝ぐものですから、個人的な苦労話や忌み言葉は避けるようにしましょう。
- うっかり使ってしまいやすい忌み言葉の例：
　去年、病気、閉鎖、失くした、倒れた、お別れ、落ちた、詰んだ、終わった
- なお、句読点も「終わり」を意味するため、年賀状では使わないのがマナーとされています。

学びを深める座右の言葉

「独坐大雄峰」
（百丈懐海）

百丈懐海は、1200年ほど前、中国の百丈山（別称・大雄山）に寺を建てて修行した禅僧です。「俺はここにどんと坐っているぞ」というこの言葉は、今ここに自分が存在していることの有り難さ、天地と一体になった境地を示しているといわれています。「一日作さざれば一日食らわず」も、百丈懐海の言葉です。

Lesson25

① 保育の言葉150 » 虐待への対応

次の保育用語を適切に使えるようにしましょう。

また、文例を音読したり、視写したりして、使い方に慣れましょう。

⋯⋯

（1）**児童虐待**は、世代間で連鎖することもあるといわれている。

（2）**体罰**では子どもの問題行動は解決しないことを理解する。

（3）家庭の事情など、何らかの支援や保護を必要としている子どものことを**要保護児童**という。

（4）保護者からの相談内容を第三者に漏らすことは、**守秘義務**違反にあたる。

（5）親密な間柄にある人からの暴力は、**DV**（ドメスティックバイオレンス）と呼ばれる。

＊現在では法律によって体罰が厳しく禁止されています。

② 言葉のエクササイズ » 帰納法

いくつかの事項から共通点を見つけ、そこから結論を導き出す方法を「帰納法」といいます。例にならって文章を考え、推論を展開しましょう。

⋯⋯

例 ・収はバレーボールが好きである。

↓

・収はバスケットボールも好きである。

↓

・収はテニスも好きである。

↓

・ゆえに、収は球技が好きである。

③ Let's 名文音読

次は、ある児童文学作品の抜粋です。音読しましょう。

・・

『魔術』　芥川龍之介

　ある時雨の降る晩のことです。私を乗せた人力車は、何度も大森界隈の険しい坂を上ったり下りたりして、やっと竹藪に囲まれた、小さな西洋館の前に梶棒を下しました。もう鼠色のペンキの剥げかかった、狭苦しい玄関には、車夫の出した提灯の明りで見ると、印度人マティラム・ミスラと日本字で書いた、これだけは新しい、瀬戸物の標札がかかっています。

　マティラム・ミスラ君と云えば、もう皆さんの中にも、御存じの方が少なくないかも知れません。ミスラ君は永年印度の独立を計っているカルカッタ生れの愛国者で、同時にまたハッサン・カンという名高い婆羅門の秘法を学んだ、年の若い魔術の大家なのです。私はちょうど一月ばかり以前から、ある友人の紹介でミスラ君と交際していましたが、政治経済の問題などはいろいろ議論したことがあっても、肝腎の魔術を使う時には、まだ一度も居合せたことがありません。そこで今夜は前以て、魔術を使って見せてくれるように、手紙で頼んで置いてから、当時ミスラ君の住んでいた、寂しい大森の町はずれまで、人力車を急がせて来たのです。

④ 文章作りのトレーニング ≫ 小論文

論題「今どきの若者」（400字以内）

・・

　今どきの若者は基本的なマナーが身についていない。そう考える理由は三つある。

　まず一つ目は、公共の場で他人の迷惑を考えずに騒ぐからだ。例えばハロウィンの日、東京の渋谷ではケンカで逮捕者が続出したという。周りの人が嫌な気持ちになっているのに気がつかず、騒ぎ続けているのである。

　二つ目は、「ながらスマホ」をしているからだ。スマホを操作しながら歩いたり、自転車をこいだりしている人が非常に多い。私自身、歩きスマホをしている人とぶつかりそうになったことがある。向こうが画面を見ながらフラフラと寄ってきたのである。

　三つ目は、挨拶やお礼がきちんとできないからだ。道で近所の人に出会っても黙っている人、何か手伝ったり助けたりしてもらっても感謝の言葉を発しない若者が多すぎる。

　もちろん、しっかりした若者もいるが、マナー違反を傍観しているので同罪だ。今どきの若者は、基本的なマナーが身についていないといえるのである。

(M.S.)

⑤　保育の蘊蓄あれこれ　≫ 文化の 源 となってきた神様・仏様のこと

　文化・文明は人間が生み出すものですから、当然のことながら、その精神的基盤がよりどころとなっています。例えば、西洋文化を代表する建築や音楽、文学などは、その多くがキリスト教的精神の深い影響のもとで発達してきました。日本文化の多くも、神道や仏教を基盤とする伝統的精神に裏づけされています。

　ところで、近年、保育の現場にもさまざまな国の子どもたちが通うようになりました。多様な文化的背景をもった子どもたちが集まれば、当然、その違いによる軋轢が生じることでしょう。これからの保育者は、園児たちの文化的背景について広い見識をもつとともに、自国の文化についての理解も深めておくことが必要です。

　ここでは、日本文化の精神的基盤となってきた神道と仏教について確認するとともに、キリスト教、イスラム教についても概観しておきましょう。

神道

　神道とは、日本古来の民族信仰です。主として神話に出てくる神様や、海、山、滝、岩、風など、大自然そのものを神として崇敬しています。神社は、それらの神様を祀るところです。明確な起源や教祖、定まった教義というものはありません。長い年月をかけて、仏教や道教など外来の思想とも習合しながら、独自の発展を遂げてきました。

　一時期、戦争遂行のための思想統制や植民地を支配するための手段として、政治的に利用された不幸な時代もありましたが、日本文化の精神的基盤となってきたことは間違

いありません。正月の門松、節分、ひな祭り、七夕祭り、七五三詣りなど、伝統行事の多くには、神道の思想が息づいています。

　神社の入り口には鳥居があり、その奥が神域です。神様は罪穢れ（つみけが）を嫌いますので、お詣りするときには、手水舎で手を洗い口をすすぎます（柄杓（ひしゃく）から直接飲んではいけません）。神殿の前では、軽く一礼（一揖（いちゆう））し、賽銭箱や鈴があれば、お賽銭を納めて鈴を鳴らしましょう。二礼二拍手一礼（出雲大社は二礼四拍手一礼）をして祈願します。

仏教

　仏教とは、今から約2500年前に、現ネパール南部の釈迦族の王子、ゴータマ・シッダールタ（釈迦）が創始した教えです。釈迦は長い苦行と瞑想の末、人間の苦しみを解決し仏になる道を見つけ、その方法を弟子たちに伝えました。釈迦が亡くなると、弟子たちが集まり、釈迦の教えを教典にまとめましたが（根本仏教）、100年ほど後、教団は教典と修行法を厳格に守ろうとする上座部（じょうざぶ）と、民衆に思想を広めようとする大衆部（たいしゅうぶ）（大乗仏教）に分裂してしまいます。400年ほど後、大衆部は浄土三部経や法華経（ほけきょう）など、仏の慈悲による救いを説いた経典を次々と創作し、民衆に広めました。日本へ伝わったのも、この大乗仏教です。

　春と秋のお彼岸、花祭り、お盆などは仏教に由来する行事です。お寺には山門があり、その奥が聖域です。手水舎があれば、神社と同じようにお清めしましょう。本堂の前に香炉や燭台があれば、お線香とお灯明（とうみょう）を献じます。本堂には、そのお寺の本尊となる仏像が祀られています。本尊の前での祈願方法は、念仏や題目、真言を唱えるなど、宗旨宗派によって異なります。

キリスト教

　今から約2000年前、現在のヨルダン川西岸地区に生まれたイエスをキリスト（メシア＝救い主）として認め、その教えを信じる宗教です。旧約聖書と新約聖書を根本経典とし、神の愛（キリスト教における「神」は、全知全能の創造主であり、唯一の存在です）、キリストによる人類の罪の贖罪、隣人愛などを説いています。

　ローマ帝国の国教となったことから西欧諸国に広まり、社会生活や文化に多大な影響を与えてきました。カトリック（旧教）とプロテスタント（新教）、そして東方キリスト教会に分かれていますが、信徒を合わせると総数は20億人以上となり、世界一大きな宗教です。通常は厳しい戒律や食事制限はありませんが、日曜日に教会へ行く信徒が多いようです。クリスマスとイースター（復活祭）が大切な行事です。

　なお、日本でクリスマスというと、豪華な食事やクリスマスケーキ、華やかなツリーや贈り物がイメージされますが、これは商業主義の宣伝によるもの。キリスト教徒たちのクリスマスは、家族と静かに過ごす祈りの時間です。

イスラム教

　7世紀初めにアラビアのムハンマドが創始した宗教です。ムハンマドを預言者として認め、「アッラー」を唯一の神として信じます。「スンニ派」と「シーア派」に分かれていますが、両派合わせた信徒総数は約18億人といわれています。教典は「コーラン」で、1日に5回の礼拝や毎年1か月にわたる断食期間（ラマダン）等が制定されています。

　慎み深く敬虔な信徒が多く、食事に対する制限も厳格です。豚肉やアルコール類の禁忌は、調味料など見た目にはわからないものにまで及びます。近年、日本でも専門機関の確認（ハラル認証）を受けたレストランや食品が増えています。

　また、男女とも肌の露出を控えることになっており、特に女性は外出時、長い衣をまとい、顔まで隠すことがよくあります。これは、女性の秘めたる美しさを大切にする文化の表れでもあります。

　なお、頭は神聖な場所とされており、他人に触られるのを嫌いますから、可愛がって子どもの頭をなでることは避けたほうがよいでしょう。偶像崇拝も禁じられていますので（偶像とは、神や仏をかたどって作った模型。たとえ国宝級の神像、仏像であっても、人間が作ったものを崇拝するのはおかしいという考えです）、観光案内等の際には配慮が必要です。

> **学びを深める座右の言葉**
>
> ## 「自然に帰れ」
> （ルソー）
>
> ───────────────────
>
> フランスの作家・啓蒙家であり、「子どもの発見者」として知られるルソー（Jean-Jacques Rousseau, 1712-1778）の根本思想を表した言葉です。「自然に帰れ」とはいっても、野山で生活することを促しているわけではありません。彼は、人間は生まれながらにして善なる存在であると考え、権力やお金が支配する文明社会の垢に染まらないように生きるべきであることを主張しました。

広島のマザー・テレサ「ばっちゃん」
―子どもたちに心の居場所を!―

　広島にはいつしか「広島のマザー・テレサ」と称されるようになった、「ばっちゃん」こと中本忠子さん（NPO法人「食べて語ろう会」理事長）という方がいます。

　ばっちゃんは、30年以上保護司（犯罪や非行を犯した人の地域社会内における立ち直りを支援する非常勤の国家公務員、民間のボランティア）を務め、課題を抱える200人以上の少年の立ち直りを自宅で手料理をふるまいながら見守ってきました。保護司を引退した現在でも、子どもたちに手料理を作り続けています。

　ばっちゃんは、保護司として非行少年と向き合うことを通して、初めて、非行に走る少年の大半が、保護者の愛情やケアに恵まれて

いないことや、食生活すら満たされていないことを知り、愕然とします。そこで、ばっちゃんは、子どもたちが自宅に自由に出入りできるようにして、お得意の手料理でもてなしながら、子どもたちの悩みや葛藤に耳を傾けてきました。

　ばっちゃんの家の壁には、「あいさつをする、時間を守る、うそをつかない」という人として守るべき約束ごとが貼ってあります。ばっちゃんは、「子どもは一人ひとり違う、子どもたちを信じること、大人も子どもとの約束を守ること、叱るときは短く、人前では叱らない」などをモットーとして子どもたちに長い間向き合ってきたのです*。

　子どもたちがともに食卓を囲みながら、内心を打ち明けられるばっちゃんがいる家は、空腹を満たしてくれる場所からいつしか子どもたちの心の居場所になっていったのです。「この活動をなぜ続けることができたのですか」という記者の問いに、ばっちゃんはこう答えています…「子どもたちに『助けて！』と言われた経験のない人には、わからない」と。この言葉には、目の前で佇んでいる子どもの支えになりたいという中本さんの思いが示されているといえます。

　ばっちゃんと子どもたちのエピソードは、子どもたちには無限の可能性が潜んでいること、周囲の大人が深い愛情をもって、子どもたちの心の声に耳を傾けることの意味を教えてくれます。

ばっちゃんの十八番の一つ「親子丼」を味わいながらくつろぐ子どもたち。

＊ 中本忠子『あんた、ご飯食うたん？― 子どもの心を開く大人の向き合い方』カンゼン, p.78, pp.51〜109, p.154, 2017.

Lesson26

❶ 保育の言葉150 ≫ 保育に関する相談

次の保育用語を適切に使えるようにしましょう。

また、文例を音読したり、視写したりして、使い方に慣れましょう。

....

（1）**援助**とは、子どもの育ちを側面から助けるはたらきのことである。

（2）カウンセラーの精神をもって、子どもを理解しようとする心がけが**カウンセリングマインド**である。

（3）保護者との関係は**ラポール**（信頼関係）を築くことから始まる。

（4）子どもの健全な成長と保育者の資質向上のために**保育カンファレンス**をすることが求められている。

（5）保護者の悩みに対しては、**傾聴**することが大事である。

＊傾聴では、相手の気持ちを受け止めることが大切です。

❷ 言葉のエクササイズ ≫ 演繹法

最初に普遍的な前提を示し、個別の結論を導く方法を「演繹法」といいます。一般的に三段論法ともいわれます。最初の前提に間違いがないか、よく吟味する必要があります。例にならって文章を考え、推論を展開しましょう。

....

例
・子どもには十分な遊び時間が
　必要である。
　　　　　↓
・直樹はまだ子どもである。
　　　　　↓
・ゆえに、直樹には十分な遊び時
　間が必要である。

（　）内の平仮名を正しい漢字と送り仮名に直しましょう。

①手紙を（おくる）。　　　　　②記念品を（おくる）。

③帽子を（おさえる）。　　　　④怒りを（おさえる）。

⑤集合時間に（おくれる）。　　⑥流行に（おくれる）。　　　　➡解答はP.144

③　Let's 名文音読

次は、ある小説の抜粋です。音読しましょう。

- -

『鳥海山』　森敦

　遠くこれを望めば、鳥海山は雲に消えかつ現れながら、激しい気流の中にあって、出羽を羽前と羽後に分かつ、富士に似た雄大な山裾を日本海へと曳いている。ために、またの名を出羽富士とも呼ばれ、ときに無数の雲影がまだらになって山肌を這うに任せ、泰然として動ぜざるもののようにも見えれば、寄せ来る雲に拮抗して、徐々に海へと動いて行くように思われることがある。海抜二、二二九メートル、広い庄内平野を流れる最上川を挟んで遙かに対峙する月山よりも僅かに高く、ともに東北地方有数の高山とされているが、たんに標高からすれば、これほどの山は他にいくらもあると言う人があるかもしれない。しかし、鳥海山の標高はすでにあたりの高きによって立つ大方の山々のそれとは異なり、日本海からただちに起こってみずからの高さで立つ、いわば比類のないそれであることを知らねばならぬ。

④　文章作りのトレーニング ≫ 作文

題名「最近感動したこと」（400字以内）

- -

文例

　最近、「時間の経過」について、深く感動した。

　数か月前、これまでの人生において二番目くらいに悲しい出来事があった。その悲しさに直面している何日かは、学校のことなど何も考えられないほど負の感情の連鎖だった。

　しかしそんな状況のなか、ある友人が「時間が解決してくれるよ」とアドバイスしてくれた。つまり、時間がたてば悲しみが薄れるというのである。そのときは悲しみの真っただなかにいただけに、「そんなことあり得ないだろう」と疑っていた。だが、日がたつにつれ徐々に心の余裕が生まれ、負の感情から抜け出すことができた。ふと気づいた頃には、悲しみなど忘れかけていた。本当に時間が解決してくれたのだ。

　その後、自分と似たような経験をしつらい思いをしていた友人がいたので、この言葉をプレゼントしたところ、私自身が助けられたのと同じように、彼女もまた立ち直ることができた。

　「時間」がもつ不思議な力に、心から感動した次第である。

(L.Y.)

⑤ 保育の蘊蓄あれこれ ≫ 心理のお話

　ここでは心理のお話をします。まず、下に３本の線があります。棒Ａと同じ長さの棒は①から③のうちどれでしょうか。

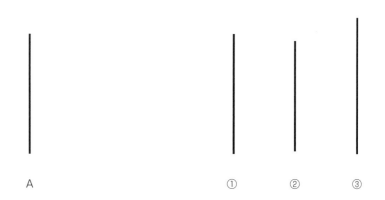

A　　　　　　　①　②　③

　普通に考えれば棒①だと答えるでしょう。しかし、数名がサクラになって例えば棒②が棒Ａと同じ長さだと言うと、ほとんどの人はつられて自分も棒②が棒Ａと同じ長さだと答えてしまいます。これを「アッシュの同調実験」といいます。皆さんはつられない自信がありますか。

　心理学とは、以上のように人間の心について科学的に考える学問です。では、こうした心理学は保育とどのように関係しているのでしょうか。皆さんもおわかりのとおり、

乳幼児から成人に至るまで人間の心と体はさまざまに、そして大きく変化します。したがって、子どもの最善の利益を実現するためには、まず子どもの心や体についてよりよく理解する必要があります。そして、そのために保育を志す人は皆、心理学について学ぶ必要があるわけです。

　しかし、この心理学が保育にとって最も関係深い側面は、何といっても「心理的な援助」ということになるでしょう。保育者は日常の業務のなかで、さまざまな問題を抱える子どもやその保護者に対して何らかの手助けをする役割が求められています。その方法の一つとしてあげられるのが、「カウンセリングマインド」です。この言葉はいわゆる和製英語であり、英和辞典などには載っていません。しかし、文部科学省はこれを重要視しています。そして、その方法は悩みを抱えた相談者（これをクライエントといいます）にカウンセリングをするような心構えで接していくことを特徴としています。また、そのもとはアメリカの心理学者カール・ロジャーズ（1902-1987）が提唱した「来談者中心療法」まで遡ることができます。具体的なやり方はおおむね次のとおりです。

①　何らかの悩みを抱えたクライエントの言葉にうなずき、相槌を打つなどしながら耳を傾ける。
②　例えば「子どもが家の中で騒がしくて困っているんです」というクライエントの訴えに対して、「お子さんが家の中で落ち着かないのですね」などのように、言葉を言い換えて繰り返す。
③　クライエントの感情や考えを受け止めながら問題点を明確化して、どうすればよいのかといった解決案に結びつくようにする。

　このようにカウンセリングマインドでは、「傾聴」が求められています。皆さんもぜひ実践してみてください。

学びを深める座右の言葉

「八風吹不動」
（禅語より）

「八風吹けども動ぜず」。八風とは、人生における八種類の風、「利、衰、毀、誉、称、譏、苦、楽」のこと。得をしたり損をしたり、褒められたりけなされたり、人生にはさまざまな風が吹きますが、それらに心動かされて一喜一憂していてはいけないという戒めの言葉です。

Lesson27

① 保育の言葉150 ≫ 障害児保育

次の保育用語を適切に使えるようにしましょう。

また、文例を音読したり、視写したりして、使い方に慣れましょう。

....

（1） 自閉症スペクトラム障害のような**発達障害**は、脳の機能に何らかの問題があるの
で、叩いたり、しかったりしても解決にはつながらない。

（2） **自閉症スペクトラム障害**の人は、他者とのコミュニケーションを取るのが困難で
ある場合が多い。

（3） 全般的に知的発達に遅れはないが、「読む」「書く」「聞く」「話す」「計算する」の
うち、特定の能力に著しい遅れがみられる障害のことを**学習障害**という。

（4） **注意欠陥多動性障害**の人には、注意が持続できない、衝動的な行動をするといっ
た特徴がみられる。

（5） 特別支援教育においては、**個別の支援計画**を立てることが重要だ。

＊障害の種類や程度が人によってさまざまなことから、個別の支援計画の策定が求められています。

② 言葉のエクササイズ ≫ 弁証法

相反する事例（テーゼとアンチテーゼ）から、より高次の結論（ジンテーゼ）を導き出
す方法を「弁証法」といいます。例にならって文章を考え、論理を展開しましょう。

....

例
・卵は、おいしくて栄養価の高い食
べ物である。

↓

・しかし、コレステロールが多いの
で、食べすぎると心臓病のリスク
が高まる。

↓

・ゆえに、適度な量を考えバランス
よく食べるべきである。

（　）内の平仮名を正しい漢字と送り仮名に直しましょう。

①成功を（おさめる）。　　　　　②国を（おさめる）。

③税金を（おさめる）。　　　　　④学問を（おさめる）。

⑤喉が（かわく）。　　　　　　　⑥洗濯物が（かわく）。　　　　➡解答はP.144

③ Let's 名文音読

次は、ある児童文学作品の抜粋です。音読しましょう。

....

『魔女の宅急便』　角野栄子

　秋も半分以上がすぎて、毎日つめたい風のふく日がつづいています。茶色に枯れた街路樹(がいろじゅ)の葉も、とっくにふきとばされ、キキのいる店の窓(まど)から見たコリコの町は、かわいて白く光っていました。

　風はコンクリートの建物(たてもの)の角にぶつかり、また角にぶつかってくるせいでしょうか、ふくときは刃物(はもの)のようにするどく、かと思うと、ぱったりとまり、また急にふきはじめるのです。そのたびにかんたんなつくりのキキの店は、小さな声をあげてゆれました。

（うちのほうじゃ、もう初雪(はつゆき)、ふったかしら）

　キキは風の音をききながら、生まれた町の冬のはじまりを思い出していました。ある日とつぜん寒くなって、窓(まど)から見ると、北の森のうしろの山々が、レースのハンカチをかけたように白くけぶっているのでした。その白いものはだんだんと下におりてきて、やがては町全体をいつのまにかすっぽりとつつんでしまうのです。あの町では、冬のきたのは、風の音ではなく、雪の白い色で知るのでした。

④ 文章作りのトレーニング ≫ 小論文

論題「働くことの意味」（400字以内）

....

文例

　自分を成長させることが、働くことの意味だと考える。

　なぜなら、私自身、アルバイトを通して成長することができたからである。内気な私は、人とのコミュニケーションが苦手で、アルバイトをする前までは、困っている人を見かけても、すぐに行動に移すことができなかった。だが、アルバイト先でお客様たちと接しているうちに、徐々にコミュニケーション力がついてきた。今では、困っている人がいたら、たとえ見知らぬ人でもすぐに声をかけられると思う。

　もちろん、給料をいただくことも働くことの大きな意味ではあるが、働くことにはそれ以上の「自己成長」という意味があるのである。

　世の中には私の知らない分野の仕事がたくさんあるが、どんな仕事でも何らかの自己成長につながるに違いない。働くことにより、多くの出会いや発見があり、成長しながら素晴らしい人生を歩んでいけるのではないかと考えている。

（Y.I.）

⑤　保育の蘊蓄あれこれ　》身近な自然

　都市化の進展とともに、子どもたちの自然体験がますます希薄化しています。昆虫が珍しくて興味を示す子がいる一方、気味悪くて触れないという子も増えているようです。

　しかし、人間も自然界に生きる存在として、自然から離れて生きることはできません。早くから環境問題を告発してきたアメリカの生物学者レイチェル・カーソン（1907-1964）は、「『知る』ことは『感じる』ことの半分も重要ではないと固く信じています」（レイチェル・カーソン，上遠恵子訳『センス・オブ・ワンダー』新潮社，p.24, 1996.）と述べ、幼少時の自然体験の大切さを訴えています。また、「わたしたちが住んでいる世界のよろこび、感激、神秘などを子どもといっしょに再発見し、感動を分かち合ってくれる大人が、すくなくともひとり、そばにいる必要があります」（同書pp.23～24）とも述べ、神秘や不思議を共有する大人の必要性を説いています。皆さんにはぜひ、自然の営みに関心を寄せ、子どもたちと一緒に感動することのできる豊かな感性をもった保育者になってほしいと思います。

　さて、自然が大切とはいっても、園児を連れて人里離れた山奥へ行くわけにはいきません。実は、身近なところにも小さな自然がたくさんあります。

　例えば、園庭や公園にやってくる鳥に注目してみましょう。ほんの少し注意を向け続けるだけで、季節や時間帯によって、訪れる鳥の種類が異なることに気づくでしょう。図鑑などで調べれば、そのうち鳴き声を聞いただけですぐに「あ、シジュウカラが来たね」とか、「メジロが鳴いているよ」などと、子どもたちに声をかけることができるよ

うになります。

　足もとにも目を向けてみましょう。いろいろな草花の中にタンポポを見つけられるかもしれません。タンポポには、古くから日本に生育していた在来種と帰化してきた外来種があります。総苞片（がく）が外側に反り返っているのがセイヨウタンポポ。花期が非常に長く、大きく華やかなので、子どもたちの目につきやすいのは主にこちらでしょう。しかし、このタンポポ、春に突然芽を出すわけではなく、冬の間もちゃんと地面の上に顔を出しています。タンポポがどのようにして過ごしているのか、ぜひ子どもたちと観察して確かめてください。

　また、七夕の行事について知っている人は多くても、夜空で織姫星と彦星を見つけることのできる人は少ないようです。織姫星は、こと座のベガ、彦星はわし座のアルタイル。どちらも１等星ですから、夏の夜空を見上げればすぐに見つけられます。この二つに、白鳥座のデネブを加えたのが「夏の大三角」。空気が澄んでいて周囲が十分暗い地域なら、このあたりを中心にして天の川（銀河）が流れているのが見えるでしょう。もし低倍率の双眼鏡があれば、ぜひ確かめてみてください。子どもたちに見せる機会はなかなかないでしょうが、先生の実体験に基づくお話はやはり現実感が違います。

　　学びを深める座右の言葉

「天には星　地には花　人には愛」

（ゲーテ）

昔からゲーテの言葉といわれていますが出典がはっきりせず、言葉の真義も不明です。天に輝く星も地に咲く花も、人を喜ばせようとしてそこにあるわけではありませんが、常に私たちの希望となり、心を清め、和ませてくれます。私たちも無私の心で人を愛し、希望となり得る存在になろう。そのような意味ではないかと考えられます。

Lesson28

 1 保育の言葉150 》幼保小の連携

次の保育用語を適切に使えるようにしましょう。

また、文例を音読したり、視写したりして、使い方に慣れましょう。

. . . .

（1） 幼小のギャップによって生じる問題が、いわゆる**小1プロブレム**である。

（2） **保育所児童保育要録**には、子どもの連続した成長を助ける目的がある。

（3） **幼稚園幼児指導要録**は、幼児の育ちを記録するものである。

（4） **小学校学習指導要領**には、各教科に関する目標や内容が示されている。

（5） 所管を統一して保育所と幼稚園をまとめようとする動きが**幼保一元化**である。

＊小1プロブレムに対処するため、幼保小連携が求められています。

 2 言葉のエクササイズ 》適切な表現④

適切でわかりやすい文章に書き直しましょう。　　　　　　　　　　➡ 解答例はP.144

. . . .

（1） 私の夢は客室乗務員になって、世界中の国を見て回るつもりです。

（2） 雅子の毎朝の仕事は、誰よりも早く出勤して園庭の掃除をします。

（3） 優れた絵本は子どもたちの心が成長するし、大人でも楽しい。

（4） 子どもたちは真っ赤なザリガニが大好きで、水槽に手を入れると大きなはさみを
　　　振り上げてくるが、それは相手を威嚇（いかく）しているのだ。

（5） 最近の若者にとって手紙を書く習慣は薄れてきており、自分の気持ちを文章にし
　　　て相手に伝えることができず、また、文字が上手に書けない原因にもなっている。

> **チャレンジ問題** （　）内の平仮名を正しい漢字と送り仮名に直しましょう。
>
> ①ネジを（しめる）。　　②ドアを（しめる）。　③自分の首を（しめる）ようなものだ。
> ④新しいビルが（たつ）。　⑤腹が（たつ）。　　　⑥月日が（たつ）。

3 Let's 名文音読

次は、ある小説の抜粋です。音読しましょう。

『東京タワー』　江國香織

　世の中でいちばんかなしい景色は雨に濡れた東京タワーだ。

　トランクスに白いシャツを着ただけの恰好で、インスタントコーヒーをのみながら、小島透は考える。

　どうしてだろう。東京タワーが濡れているのをみるのはかなしい。胸をおさえつけられる気がする。子供のころからずっとだ。

　芝の高台にあるこのマンションに、透は赤ん坊のころから住んでいる。

「そりゃ金銭的には楽だろうけどさ、母親と一緒なんてうざったくねえ？」

　つい最近、耕二にそんなことを言われた。

「もっともお前んとこはな、普通の母親と違うからな、いいかもしんないけど」

　耕二とは高校が一緒だった。都内でも指折りの進学校で、二人とも比較的成績がよかったが、共通点はそれだけだった。

　午後四時。もうすぐ詩史さんから電話がくる。透は考える。いつからだろう。いつから自分はあのひとの電話を、こんなふうに待つようになったのだろう。

＊リリー・フランキー氏の小説、『東京タワー　オカンとボクと、時々、オトン』も傑作です。

④　文章作りのトレーニング ≫ 作文

題名「名前」（400字以内）

文例

　キラキラネームというものがはやっているが、私の名前はいたって平凡だ。名前ばかりが目立つ世の中で、私の名前はどれくらい輝いているだろう。

　誰の名前にもいろいろな思いがのせられている。私の名前は、父がつけてくれた。母が私を出産するために入院していた病室に、この名前の娘さんがいて、父が気に入ったらしい。一見、決め方が適当に思えるが、父にはこの名前にした大きな理由があるという。

　私が生まれる少し前に見た夢の中で、「ちひろ」という名前の子が出てきたのだそうだ。「その子はいつでも笑顔で周りを明るくする」、そんなことも言っていた。そして運命的に、私が生まれようとする病室で再び、「ちひろ」という名前を耳にしたわけだ。

　いろいろな思いをのせた私の名前。平凡だが、現代のキラキラネームにも負け

ないくらい素晴らしいと思う。私はこの名前が大好きだ。この名前も、そしてその思いも、大切にしていきたい。

(C.S.)

⑤ 保育の蘊蓄あれこれ ≫ 季節の行事

　海外諸国と同様に、日本にも季節によってさまざまな行事があります。ここでは、そのなかから幼稚園や保育所でも行われる主なものを取り上げました。皆さんもその由来を理解して子どもたちにお話ししましょう。

お花見（4月の行事）

　庶民が広くお花見を楽しむようになったのは江戸時代からですが、古くは「万葉集」のなかにも桜をめでる歌があります。昔から日本人は、花が大好きな国民なのです。

端午の節句（5月の行事）

　5月5日のことで、江戸時代には五節句の一つとして武家社会に定着するとともに民間にも広まりました。現在では男児の初節句の祝いとして、鯉のぼりや鎧兜などが飾られます。

七夕祭り（7月の行事）

　7月7日の行事です。この夜、牽牛と織女が天の川を渡って年に一度だけの逢瀬が叶えられるという伝説にちなんでいます。

十五夜（9月の行事）

　旧暦8月15日の夜に満月を観賞する行事です。日本人は信仰的な意味から満月ということを大切にしてきました。

ハロウィン（10月の行事）

　ケルト民族の宗教的行事が日本に広まったものです。10月31日に、「お菓子をくれないといたずらするぞ」と言って魔女やお化けに仮装した子どもたちが家々を回ります。

七五三（11月の行事）

　一種の通過儀礼で3、5、7歳の男女児

を連れて神社に参拝する風習のことです。このときに食べる千歳飴とは、わが子の千歳までの長寿を願って食べる飴という意味です。

七草（1月の行事）

正月七日の朝に七草粥を食べて祝う行事です。七草とは、セリ、ナズナ、ゴギョウ、ハコベラ、ホトケノザ、スズナ、スズシロです。

節分（2月の行事）

節分とは、もともと季節の分かれ目という意味です。この日は豆まきをして鬼退治をします。

ひな祭り（3月の行事）

3月3日にひな人形を飾って女児の成長を祝う行事です。桃の節句とも呼ばれています。

行事を体験することは子どもの情緒が豊かになり、また文化を理解することにつながります。このほかにもさまざまな季節の行事がありますので、皆さんも自分でその由来などを調べてみましょう。

学びを深める座右の言葉

「音楽は、一切の智慧・一切の哲学よりもさらに高い啓示である。」

（ロマン・ロラン、片山敏彦訳『ベートーヴェンの生涯 VIE DE BEETHOVEN』）

ベートーヴェンの言葉です。彼は、静かな夜や散歩中に突然恍惚状態となり、舞い降りてきた音楽を楽譜に記したといわれています。「啓示」とは、神が人間に教え示す神秘のことです。この言葉は、「私の音楽の意味をつかみ得た人は、他の人々がひきずっているあらゆる悲惨から脱却するに相違ない。」と続きます。

Lesson29

❶ 保育の言葉150 ≫ これからの保育と教育

次の保育用語を適切に使えるようにしましょう。

また、文例を音読したり、視写したりして、使い方に慣れましょう。

（1） **ICT** とは「情報通信技術」のことであり、保育所などでも活用されている。

（2） 近年、**待機児童**問題が深刻になっている。

（3） 発達障害児に対する**特別支援教育**は、今後ますます重要だ。

（4） 幼少の早い時期から文字の読み書きなどを教える**早期教育**の是非が問われている。

（5） 子育て支援は、**少子化**の問題を解決することも目的の一つである。

＊パソコンやスマホもICTの一例です。

❷ 言葉のエクササイズ ≫ 適切な表現⑤

日誌に書くことを想定して、下線部をより適切な表現に直しましょう。　　➡ 解答はP.144

（1） 「ひげじいさん」は、活動の前に<u>やる</u>手遊びだ。

（2） その遊びは、<u>わたし的には</u>嫌いだ。

（3） トイレに行き<u>たいみたいだったので</u>、声をかけた。

（4） 子どもたちが<u>つまらなそう</u>にしていた。<u>なので</u>、歌を歌うことにした。

（5） 子どもたちが<u>すごくノリノリ</u>だった。

（6） <u>そんな</u>考え方をする<u>なんて</u>、<u>びっくりした</u>。

> **チャレンジ問題** （　）内の平仮名を正しい漢字と送り仮名に直しましょう。
>
> ①手を（のばす）。　　　　　　　　②締め切りを（のばす）。
>
> ③ハンドルから手を（はなす）。　　④二人の席を（はなす）。
>
> ⑤トンネルを（ほる）。　　　　　　⑥仏像を（ほる）。

❸ Let's 名文音読

次は、ある昔話の抜粋です。音読しましょう。

『アイヌの昔話─ひとつぶのサッチポロ』［暇な小なべ］　萱野茂

　わたしは、ゆぺっ川の上流の、いちばん高い山を守るために、天の国から降ろされた位の高い熊の神でありました。

　どんなに位の高い神でも、何年かに一度はアイヌの国へお客として行き、たくさんのイナウや、たくさんのおみやげをもらってこなければなりません。アイヌのところといっても、だれのところでもいいというのではありません。イナウを作るのが上手で、精神の最もいい人のところへ行くものです。わたしも、かねてうわさに聞いていた石狩川の上流に住むアイヌのところへお客になって行こうと思い、ある日のこと、ゆっくりゆっくり山を降りました。うわさに聞いていた精神のいいアイヌが、狩りのためにわたしの住まい近くにきているのが見えたからです。わたしはわざと、そのアイヌに見られるように出て行くと、アイヌはさっと立ち木のうしろにかくれ、弓に矢をつがえて待っていました。さもさも知らないふりをしてわたしがそばを通ると、「ばしっ」と弓弦の音がして、わたしのからだに矢の神が立ちました。二度、三度、弓弦の音を聞いただけで、わたしはあとはどうなったのかまったくわからなくなりました。

　しばらくして気がつくと、わたしのからだと頭は別々になっていて、魂だけが耳と耳のあいだにちょこんとすわっているのです。わたしが大きい熊で、ゆぺっ川のヌプリコロカムイ（山の神）であることを知ったアイヌは、狩り小屋からではなく、村の自分の家からわたしを神の国に送り帰そうと、オルシクルマラプト（熊の頭骨に胴体の毛皮をつけたままのもの）を背負って、村を目指して歩きはじめました。

④　文章作りのトレーニング ≫ 小論文

論題「ロボットによる保育はどうあるべきか」（400字以内）

文例

　人間とロボットの関係には、ほどよい距離感が必要だと考える。

　最近では、親の代わりに読み聞かせをしてくれる便利なロボット型玩具もある。確かに忙しい親にとっては助かるだろう。マニュアルどおりに読んでくれて言い間違うこともない。だが、それで読み聞かせをしているといえるのだろうか。

　読み聞かせは、人が読むからこそ伝わるのであり、感情を込めるから共感しやすいのである。ロボットに感情はない。だが、ロボットと長時間一緒にしておくことで、愛着形成されることだって考えられる。もし、親とではなくロボットと愛着形成されてしまったら、恐ろしいことになるのではないだろうか。子どもは親と愛着を築き、親に愛されて生きていくべき存在だ。安易にロボットに頼ることはやめるべきだ。

　今後さらに便利なものが増えることだろう。だが、子どもと親の関係の大切さは変わらない。ロボットによる保育は、ほどよい距離感を保つべきである。

(M.K.)

⑤　保育の蘊蓄あれこれ ≫ 昆虫や小動物の飼育

　最近では、動物を見せると「スイッチはどこ？」などと言うような子どもも見られるようになりました。現代の子どもたちは、遊ぶ場所が限られており、自然のなかで過ごすことが少なく、また日頃から動物と接する機会が乏しいということなのでしょう。幼児期は身の回りの環境からさまざまな体験を経て心身を築いていく大切な時期です。特に動物と触れ合うことによって命の大切さや周りの存在にも気をかけるような優しさが身についてきます。また、ほかの園児と一緒に世話をすることによって責任感や協調性も芽生えてきます。さらに、ただ飼うだけではなくて、飼いながら図鑑や絵本で動物や昆虫のことを学ぶようにすれば、それが豊かな知性の育ちにつながります。このように自分の身近で動物と触れ合ったり、動物を世話したりすることは、子どもの成長にとってとても意義深いものだといえるでしょう。

　しかし、動物を飼うということは生き物を預かるということになるわけですから、それほど簡単なことではありません。時折「世話しきれなくなった」という理由から、イヌやネコをはじめ、トカゲ、カメなどの爬虫類や外来種の魚類等などを無責任に近くにある池や小川に放流したりする人がいます。しかし、そうした行為がもとからその地域に住む生物の生命を脅かし、生態系の変化につながって大きな問題になっています。したがって、どんな命でも責任をもって育む必要があるでしょう。

　保育者はこうした動物と子どもが楽しくかかわれるような橋渡しをしていくことが大切です。例えば、動物の持ち方が不適切である場合のように、動物に対する扱いがよくわからない子どもに対しては、正しい持ち方を教えることによって、子どもが動物に優しく触れ合えるようにしていきましょう。そこで、ここでは幼稚園や保育園などにおける、その他の動物飼育時の注意点をみていきましょう。

動物飼育の注意点

① 十分な生活空間を与える（柵やかごが狭すぎたり、個体数が多すぎるとストレスがたまってけんかをしたり、弱ったりしてしまうことがあります）。

② 十分なエサを与える（毎日、エサの減り具合を見て、体調に変化がないかどうかを確認します）。

③ 飼育舎は風通しがよく、乾燥した場所を選び、適切に掃除をする。

④ 動物に触れた後は必ず石鹸で手を洗う（鳥インフルエンザ等の危険性もあります）。

⑤ 動物を驚かせたり、怖がらせたりしない。

⑥ 動物の具合が悪そうなときには、子どもには触れさせない（動物病院に連れて行きましょう）。

⑦ 帰宅する前に、柵やかごの施錠を確認する。

⑧ 子どもが動物に噛まれたら、すぐに応急処置をして病院に連れて行く。

学びを深める座右の言葉

「We went so far and he was here all the time!」

（モーリス・メーテルリンク『青い鳥』）

「僕たち、あんなに遠くまで探しに行ったのに、青い鳥はずっとここにいたんだよ！」幸せの青い鳥を探しに行ったチルチルとミチルの兄妹。異世界では 儚い存在だった青い鳥が、実は自分の家にいたことに気づきます。その鳥も、大空へ飛び立っていってしまい…。幸せは、幸せとして存在するのではなく、この現実生活そのものであることに気づかせてくれる、重い一言です。日本にも「明珠掌に在り」という格言があります。

Lesson30

 1 保育の言葉150 ≫ ことわざ

次の保育用語を適切に使えるようにしましょう。意味のわからないことわざがあれば調べましょう。また、文例を音読したり、視写したりして、使い方に慣れましょう。

（1）彼は幼い頃から几帳面な性格だ。やっぱり、**三つ子の魂百まで**だ。

（2）甘やかしてばかりでは、子どもが立派に育たない。**可愛い子には旅をさせよ**だ。

（3）親の気持ちも知らないであんなことをするなんて、**親の心子知らず**だね。

（4）親の品性はその子どもを見ればわかる。だから**子は親の鏡**といわれている。

（5）あの人は大きくなってから立派に出世した。まさに**大器晩成**だ。

＊生まれる前に遺伝的に形成されたその人の性質のことを、気質といいます。

 2 言葉のエクササイズ ≫ 適切な表現⑥

エピソード記録に書くことを想定して、次の文章をわかりやすく整理して書き直しましょう。
➡文例はP.144

　午睡後に外で遊んでいたら、翔太君と雅人君と裕介君が校庭の隅で鉛筆くらいある巨大なミミズを発見し、騒いでいた。私も面白そうなので見ていたら、翔太君が土をかけて踏みつけはじめ、雅人君が「いけないんだ」とマジで怒って止めていた。そのうち、お昼寝が終わった女子児童も集まりだし、なかには泣き出しちゃった子も出てきたから、私はやばいと思ったけどどうしていいかわからなかったので、私は近くにいた祥子ちゃんに小峰先生に言ってきてと指示した。それで小峰先生はすぐに「あらあらミミズさん、みんなと遊びたくて出てきたんだね。でも、もとの場所に帰してあげようね」と言って、ミミズを校庭の隅に埋めてくれました。私はこのような事態にはいろんな対応の仕方があるが、私は子どもたちの気持ちを傷つけず、上手にまとめることがとっても大切だとわかった。

> **チャレンジ問題** （　）内の平仮名を正しい漢字と送り仮名に直しましょう。
>
> ①夢を（みる）。　　　　　　　②患者を（みる）。
>
> ③（もと）に戻る。　　　　　　④資料を（もと）にして話す。
>
> ⑤本を（よむ）。　　　　　　　⑥短歌を（よむ）。

Let's 名文音読

次は、ある小説の抜粋です。音読しましょう。

『雪国』 川端康成

　国境の長いトンネルを抜けると雪国であった。夜の底が白くなった。信号所に汽車が止まった。

　向側の座席から娘が立って来て、島村の前のガラス窓を落した。雪の冷気が流れこんだ。娘は窓いっぱいに乗り出して、遠くへ叫ぶように、

「駅長さあん、駅長さあん。」

　明りをさげてゆっくり雪を踏んで来た男は、襟巻で鼻の上まで包み、耳に帽子の毛皮を垂れていた。

　もうそんな寒さかと島村は外を眺めると、鉄道の官舎らしいバラックが山裾に寒々と散らばっているだけで、雪の色はそこまで行かぬうちに闇に呑まれていた。

「駅長さん、私です、御機嫌よろしゅうございます。」

「ああ、葉子さんじゃないか。お帰りかい。また寒くなったよ。」

「弟が今度こちらに勤めさせていただいておりますのですってね。お世話さまですわ。」

「こんなところ、今に寂しくて参るだろうよ。若いのに可哀想だな。」

「ほんの子供ですから、駅長さんからよく教えてやっていただいて、よろしくお願いいたしますわ。」

「よろしい。元気で働いてるよ。これからいそがしくなる。去年は大雪だったよ。よく雪崩れてね。汽車が立往生するんで、村も焚出しがいそがしかったよ。」

「駅長さんずいぶん厚着に見えますわ。弟の手紙には、まだチョッキも着ていないようなことを書いてありましたけれど。」

「私は着物を四枚重ねだ。若い者は寒いと酒ばかり飲んでいるよ。それでごろごろあすこにぶっ倒れてるのさ、風邪をひいてね。」

　駅長は官舎の方へ手の明りを振り向けた。

❹ 文章作りのトレーニング ≫ 作文

題名「旅」（400字以内）

・・

文例

　旅は、子どもの遊びに似ていると思う。なぜなら、子どもたちは遊びを通して常にさまざまなものと出会い、発見しながら、「記憶」という地図にそれらを書き加えて成長していくからだ。

　例えば、砂場で遊んでいるときも、砂はサラサラしていること、濡れると手にくっつくこと、乾くと固くなることなどを学ぶ。それらを記憶に書き加え、これから先の人生でさまざまに工夫して活用しようとする。つまり、子どもたちは遊びという旅を通して成長するのである。

　大人が長い旅に出るときも同じではないだろうか。見知らぬ町でさまざまな発見や危険に出会いながら、その経験を記憶にとどめ、どうすれば目的地にたどりつけるか考えて道を進む。子どもの遊びと大人の旅は、未知のものに出会い、工夫しながら進むという点で、本質的に同じものなのだ。

　私も旅の途中にいる人間として、子どもたちの旅を有意義なものにする方法をしっかりと勉強し、よい保育者になりたいと思う。

(H.W.)

❺ 保育の蘊蓄<ruby>蘊蓄<rt>うんちく</rt></ruby>あれこれ ≫ 日本と多文化共生社会

　日本の人口減少が、いよいよ深刻さを増してきました。総務省の発表によりますと、2020（令和2）年1月時点の総人口は1億2713万8033人で、日本人住民は前年から50万5046人減少したそうです。これがどれほど衝撃的な数値か、鳥取県の総人口（2019（令和元）年で約56万人）に匹敵する人々がいなくなってしまった、と考えればご理解いただけることと思います。

　一方、日本在住の外国人は約20万人の増加で、286万6715人。いまや日本は、外国人労働者の支えによってどうにか社会が回っているような状況です。この傾向は、今後ますます加速することが予想されており、より多くの外国人家族が日本に居住することになるでしょう。当然、その子どもたちを対象とした保育が必要とされてきます。

　そのため、日本は今、さまざまな国の人々が円滑に生活できるように、国をあげて

「多文化共生社会」への転換を図ろうとしています。「多文化共生社会」とは「国民及び在留外国人の一人一人が、社会の対等な構成員として、国籍及び社会的文化的背景を認め合い、相互に人格と個性を尊重しつつ支え合いながら共生する社会」（衆議院「多文化共生社会基本法案」より抜粋）のことです。

　Lesson25にも関連しますが、これからの保育者は、自己のアイデンティティを保ちつつ、より豊かな人権感覚に基づいて多様な文化を尊重していくべき立場となります。ここでは、日本と多文化共生社会について確認しておきましょう。

曖昧な民族意識

　そもそも日本人は、一体、何民族なのでしょう。多くの人は漠然と、「日本人なんだから、日本民族なのだろう」と思っているのではないでしょうか。実際、過去には偉い政治家が、「2000年にわたり、一つの民族、一つの王朝が続く国は日本だけ」といった発言をしたり、大企業の会長が「（自社）は起用タレントをはじめ、すべてが純粋な日本企業です」と発言したりしました。

　しかしながら、純粋な日本、日本人とはどのようなものなのか、日本人とは何民族なのかを特定することはなかなか難しい問題です。学問上も分野によりさまざまな説が唱えられており、まだ定説というものはありません。

　歴史的な流れを概観しておきましょう。日本列島（大陸と陸続きだった時代も含め、ここでは列島と呼称します）には、旧石器時代から人が住んでいたようですが、詳しいことはわかっていません。約1万数千年前に土器が発明され、縄文時代が始まります。以来1万年近く長きにわたって、この日本列島には縄文人が住んでいました。ところが、紀元前500年頃より、現在の中国や朝鮮半島から人々が渡ってきて、大陸系の弥生人として住みつくようになりました。

　4世紀頃、豪族たちが連合して大和政権（朝廷）を作り日本の支配権を握ろうとしますが、記紀（古事記と日本書紀）によりますと、当時は日本列島各地にさまざまな先住民族が住んでいました。九州地方の「熊曽（熊襲）」、本州に散在した「都知久母（土蜘蛛）」、東北地方の「愛瀰詩（蝦夷）」などがよく知られています。これらの人々は、大和政権の勢力拡大に抵抗したため、殲滅あるいは同化させられ、あるいは土地を追われていったようです。記紀には、英雄に征伐された野蛮人のように描かれています。

　中世になっても、京都の東側は魔物の住む場所として恐れられました。鎌倉幕府を開いた源頼朝が朝廷から「征夷大将軍」に任命されたことは皆さんもよくご存知でしょう。「征夷大将軍」とは、もともと、大和政権に服従しない先住民族、蝦夷を討伐するために組織された軍隊の総大将のことです。

　また、東北や北海道には古くからアイヌ民族が住んでいました。松前藩による圧政など、ずいぶんひどい差別や迫害を受けてきましたが、ようやく2019（令和元）年に

「アイヌの人々の誇りが尊重される社会を実現するための施策の推進に関する法律」が成立し、先住民族として公的に認められるようになりました。

日本の原点は多文化共生社会

　日本は、全国どこでも日本語が通じるので「一つの民族」のように錯覚しがちですが、アイヌ民族だけでなく、沖縄の人々も独自の文化をもった琉球民族だという学説がありますし、また、日本がかつて台湾や大韓帝国（旧朝鮮王朝）を植民地としていた関係で、漢民族や朝鮮民族の人々も少なからず日本に居住しています。

　近年、ゲノム（遺伝情報）解析による研究が進み、日本列島人は縄文人と渡来系弥生人とが徐々に混ざり合いながら形成されてきたことが証明されるとともに、アイヌ民族や沖縄の人々は、今なお縄文人の遺伝要素をより多くもっていることが明らかになっています。

　多文化共生社会に不安を抱く人もいるようですが、これまでみてきたとおり、日本列島には古くから多数の民族が共生していました。覇権を握った大和政権自身、ほかの先住民族を取り込み、また渡来人と呼ばれる移民とその文化を積極的に受け入れ、その過程でさまざまな軋轢を経験しつつ、日本独自の文化を発展させてきたのです。日本の原点は、「多文化共生社会」だといっても過言ではありません。

　もちろん、私たちがお互いどのような祖先をもとうとも、縁あって日本に住む以上、すべての人々が協力してこの国を大切にし、よりよい社会に発展させていくべきであるのは当然です。やがて、異なる文化と文化のぶつかり合いや融合によって、新しい日本独自の文化が創造されていくことでしょう。未来は皆さんの手にゆだねられているのです。

学びを深める座右の言葉

「進みつつある教師のみ人を教うる権利あり」

（ディースターヴェーク）

ディースターヴェーク（Friedrich Adolf Wilhelm Diesterweg, 1790-1866）は、「ドイツのペスタロッチ」といわれた教育家。直訳では、後半部分が「他人に対しても教育的な働きかけができる」となっていますが、日本の教育界では冒頭に記した訳文のほうが有名です。玉川学園の創設者、「全人教育」を提唱した小原國芳先生の意訳です。

Column 7

文字の読み・書きができる喜び
―夜間中学における学び―

　私たちは、書籍や活字ニュース、さらにはソーシャル・メディアを通してさまざまなことを学んだり必要な情報を入手したり、自分の考えを表現したりすることができます。それは文字の読み・書きができるからなのです。

　識字（文字の読み・書きができること）は、基礎教育、3R's（Reading, Writing, Arithmetic、「読み・書き・計算」）の根幹です。ユネスコ（国際連合教育科学文化機関）は1965年に、9月8日を「国際識字デー」として制定し、識字の大切さを世界に訴え続けています。文字の読み・書きができないと日々の暮らしのなかでどのような不便なことが起きるでしょうか。例えば、契約書の内容を理解して自分で契約を結ぶこともできませんし、進学、就職など、人生の節目節目に大きなハンディを背負うことになります。

鉛筆は学んだことを書きとめ、自分の考えを表現する際の宝物です。鉛筆をシンボルにしている自主夜間中学もあります。

　日本にも文字の読み・書きを中心とした学びの場を必要としている人がたくさん存在しています。識字を中心に学ぶことができる公的な学びの場として、中学校夜間学級（以下「夜間中学」）と呼ばれる公立の中学校があります。夜間中学は、第二次世界大戦後の動乱期に、昼間に就労や家の手伝いを余儀なくされた人に義務教育の機会を提供する場として開設されました。現在では、生徒の年齢や状況は多岐にわたり、義務教育未修了の学齢超過者や日本語の学習を希望する外国人が大半を占めています。「義務教育の段階における普通教育に相当する教育の機会の確保等に関する法律」（平成28年法律第105号）が2017（平成29）年2月に全面施行され、文部科学省は、少なくとも各都道府県に1校は夜間中学が設置されるよう、支援を行うとしています。

　夜間中学は、2020（令和2）年4月の時点で10都府県の28市区において、34校が開校されています（文部科学省『夜間中学の必要性と文部科学省における取組について』令和3年2月）。近年では、自主夜間中学（義務教育未修了者や外国人に市民がボランティアで基礎教育を提供する学習支援組織）も読み・書きを学べる場として発展しています。

　文字の読み・書きを学んだ人たちは、「買い物が自分でできた、絵本を子どもに読んであげられた」等の喜びを語っています。文字の読み・書きができることにより、私たちの世界は無限に拡がっていくのです。

教育を第一に!
—マララさんの願い—

1985年、ユネスコの第4回国際成人教育会議（パリ）国際会議において、「学習権宣言」が制定されました。そこでは、学習する権利は、性別、宗教、貧富の差にかかわらずすべての人類に普遍であり、人は学習することによって人的発達を遂げていくとされています。このように「学ぶ」ことはすべての人々に共通する権利であると謳われているのです。しかし、その一方で、子ども、特に女子の学ぶ権利は、いまだ十分に保障されているとは言い難い現実があります。

2014年10月10日に史上最年少でノーベル平和賞を受賞した、パキスタン出身のマララ・ユスフザイ（Malala Yousafzai, 1997ー）さんは、2013年7月12日（16歳の誕生日）にニューヨークの国連本部での演説で以下のように訴えました。

> 親愛なる兄弟姉妹のみなさん、忘れてはなりません。何百万もの人が貧困、不正、無知に苦しんでいます。何百万もの子どもたちが学校に通えずにいます。（中略）そのために、世界の無学、貧困、テロに立ち向かいましょう。本とペンを持って闘いましょう。それこそが、わたしたちのもっとも強力な武器なのです。ひとりの子ども、ひとりの教師、一冊の本、そして一本のペンが、世界を変えるのです。教育こそ、唯一の解決策です。まず、教育を[*1]。

マララさんは父親が経営する私立の学校で医師を目指して勉学に励む一方で、母親を含む多くの女性が市場で値札を読むことにも苦労している姿をみて、女性が学ぶことの意味について考え始めます。やがてタリバン政権は女子生徒が学校で学ぶことを制圧していきます。マララさんは、女子も学校で学ぶ権利があることを匿名の日記の発信などを通して国の内外に訴えていました。そのことが引き金となり、マララさんはタリバンの銃撃を受け、生死の境をさまよいました。一命を取りとめた後はNPO組織「マララ基金」を立ち上げ、すべての子どもたちが学校に通えて、自らの無限の可能性を伸ばしていくことを支援する活動に携わっています[*2]。

教育は子どもたちの未来を切り拓いていく礎（いしずえ）となり、書物はその道標、そしてペンはその手段となるのです。

「教育を第一に!」世界中の子どもたちにメッセージを送るマララさん。

*1 マララ・ユスフザイ, クリスティーナ・ラム, 金原瑞人・西田佳子訳『わたしはマララー教育のために立ち上がり, タリバンに撃たれた少女』学研マーケティング, p.424, 2013.
*2 マララ・ユスフザイ, パトリシア・マコーミック, 道傳愛子訳『マララー教育のために立ち上がり, 世界を変えた少女』岩崎書店, pp.98〜197, 2014.

「❷ 言葉のエクササイズ」の解答

Lesson1
(1)3　(2)4　(3)5　(4)4　(5)5　(6)6
①以外　②意外　③異常　④異状　⑤回答　⑥解答

Lesson2
(1)主語＝花が、述語＝咲いた　(2)主語＝雅子が、述語＝読んだ　(3)主語＝二人は、述語＝出かける　(4)主語＝指が、述語＝踊った　(5)主語＝雅子は、述語＝欠かさない
①開放　②解放　③課程　④過程　⑤換気　⑥喚起

Lesson3
(1)自転車を　(2)向かった　(3)あった　(4)時間に　(5)来る　(6)叫んだ　(7)赤い→夕日が、とても→美しい
①観賞　②干渉　③鑑賞　④感心　⑤関心

Lesson4
(1)5時の鐘　(2)小さな男の子　(3)彼女のことなんか忘れろ！　(4)明日から一人で登校しろ
(5)ベンチ
①競争　②競走　③収拾　④収集　⑤慎重　⑥深長

Lesson5
(1)見守る、弾く　(2)行く、食べる　(3)ある、待つ　(4)探す、向かう、寄る、忘れる
(5)使う、もらう、詰まる　＊「いる」は補助動詞
①製作　②制作（※保育業界では製作と表記することもある）　③成長　④生長　⑤対称
⑥対象　⑦対照

Lesson6
名詞（絵本、運転、願い、音楽、準備、食事、匂い、見学、環境、手術）
動詞（会う、遊ぶ、見る、登る、泣く、立つ、来る、書く、走る、食べる）
形容詞（赤い、汚い、美しい、怪しい、うれしい、速い、悔しい、いかがわしい、おいしい、ばかばかしい）
形容動詞（静かだ、素敵だ、にぎやかだ、便利だ、穏やかだ、変だ、元気だ、きれいだ、積極的だ）

＊「形容詞」とは、事物の性質や状態を表す言葉。終止形が「い」で終わります。「形容動詞」も、事物の性質や状態を表す言葉ですが、終止形は「だ」で終わります。
①追求　②追及　③追究　④補償　⑤保証　⑥保障

Lesson7
①空ける　②開ける　③明ける　④上げる　⑤揚げる　⑥挙げる

Lesson8
(1)先輩の子どもが雅子に抱かれた。 (2)文枝が秀吉に告白された。 (3)秀吉は文枝に嫌われている。 (4)信長は雅子に振り回されている。 (5)信長は雅子に友情を求められている。
①写す ②映す ③下ろす ④降ろす ⑤変える ⑥替える

Lesson9
(1)×→こんにちは (2)○ (3)×→恥ずかしいことだわ (4)×→それでは
(5)×→そこぢから (6)×→おねえさん
①越える ②超える ③勧める ④薦める ⑤尋ねる ⑥訪ねる

Lesson10
(1)×→まぢか (2)×→ちぢむ (3)○ (4)×→一人ずつ (5)×→オオカミ (6)×→とおり
①体制 ②態勢 ③体勢 ④添加 ⑤転嫁

Lesson11
①使う ②遣う ③不審 ④不信 ⑤普及 ⑥不朽 ⑦不休

Lesson12
①捕る ②撮る ③図る ④計る ⑤測る

Lesson13
①回り ②周り ③良い ④善い ⑤踊る ⑥躍る

Lesson14
①特長 ②特徴 ③努める ④務める ⑤勤める

Lesson15
①望む ②臨む ③登る ④昇る ⑤速い ⑥早い

Lesson16
①意義 ②異議 ③意志 ④意思 ⑤遺志

Lesson17
(1)文枝はどうしても南国の果実が食べられない。 (2)欧米仕様のアロハシャツだから、Ｓサイズでも着られるだろう。 (3)飛行機に乗れば、８時間で帰って来られる。 (4)疲れていたので、帰りの飛行機ではぐっすり寝られた。 (5)世界中の珍しい魚類を見ることができて（見られて）うれしい。 (6)キラキラ水族館では、観察用に虫眼鏡を借りられる。 (7)道を覚えたので、今度は一人で行ける。 (8)運転疲れのため、直樹はいつもの時間に起きられなかった。
①異動 ②移動 ③改心 ④会心 ⑤肝要 ⑥寛容

Lesson18
(1)あたかも　(2)たとえ　(3)決して　(4)おそらく　(5)折り入って
①季刊　②既刊　③驚異　④脅威　⑤決済　⑥決裁

Lesson19
①好意　②厚意　③後学　④向学　⑤好学

Lesson20
(1)伺う　(2)申し上げる　(3)お目にかかる、お会いする　(4)存じ上げております　(5)拝借する、お借りする　(6)差し上げる　(7)頂く、頂戴する　(8)ご覧に入れる、お見せする、ご覧いただく（日誌を見ていただくときなど）

＊(6)「あげる」は本来、身分の高い人に差し出す行為でしたが、最近は、犬や猫に対しても「餌をやる」と言わずに「餌をあげる」という言い方をする人が多くなりました。目上の人には「あげる」よりもさらに敬意の高い、「差し上げる」を使うようにしましょう。
①交換　②交歓　③高尚　④口承　⑤交渉

Lesson21
(1)私が城山軒の店主でございます。　(2)貴店のお料理はおいしゅうございます。　(3)しかし、お値段が高うございます。　(4)しかも、海老が小そうございます。　(5)二杯食べ切ったら半額になる企画があれば面白うございます。
①厚生　②更生　③校正　④最後　⑤最期

Lesson22
(1) さわやかな風が気持ち良かった。（なぜ広まったのか不明ですが、「気持ちかった」という表現を聞くことがあります。これでは、「気持ち良かった」のか「気持ち悪かった」のか、わかりませんね。）
(2) こちらが、収君が描いた絵です。（いわゆるバイト敬語の影響でしょうか、「〜になります」を丁寧な言い方だと勘違いしている人が少なくありません。しかし、「なる」本来の使い方ではなく、不自然です。）
(3) はい、喜んでやらせていただきます。（本来は、「はい、喜んでやります」で十分ですが、近年、謙譲の意味を込めた「させていただく」という表現が一般化してきました。しかし、「やらさせていただく」は、「さ入れ言葉」といわれる誤用です。）
(4) 承知いたしました。（あるいは）かしこまりました。（「了解しました」は、同僚や目下の人に対する表現です。）
(5) お子さんのご活躍を期待しております。（「期待」に、「待つ」という意味が含まれています。）
①合う　②会う　③遭う　④暑い　⑤熱い　⑥厚い

Lesson23
①当てる　②充てる　③誤る　④謝る　⑤荒い　⑥粗い

Lesson24
(1)異口同音　(2)一期一会　(3)意味深長　(4)危機一髪　(5)五里霧中　(6)首尾一貫
(7)自画自賛　(8)絶体絶命　(9)単刀直入　(10)無我夢中
①表す　②現す　③著す　④痛む　⑤傷む　⑥悼む

Lesson25
①打つ　②撃つ　③討つ　④犯す　⑤冒す

Lesson26
①送る　②贈る　③押さえる　④抑える　⑤遅れる　⑥後れる

Lesson27
①収める　②治める　③納める　④修める　⑤渇く　⑥乾く

Lesson28
解答例

(1) 私の夢は客室乗務員になって、世界中の国を見て回ることです。
(2) 雅子の毎朝の仕事は、誰よりも早く出勤して園庭の掃除をすることです。
(3) 優れた絵本は子どもたちの心を成長させるし、大人が読んでも楽しい。
(4) 子どもたちは真っ赤なザリガニが大好きだ。子どもたちが水槽に手を入れると、ザリガニが
　　大きなはさみを振り上げてくるが、それは相手を威嚇しているのだ。
(5) 最近の若者は手紙を書く習慣が薄れてきており、自分の気持ちを文章にして相手に伝えるこ
　　とが苦手である。また、手紙を書く機会の減少は、文字が上手に書けない原因にもなっている。
①締める　②閉める　③絞める　④建つ　⑤立つ　⑥経つ

Lesson29
(1)行う　(2)私としては(個人的には)好きになれない　(3)ようだった　(4)退屈そう、そこ
で　(5)とても乗りがよかった(非常に生き生きしていた)　(6)そのような、とは、驚いた
①伸ばす　②延ばす　③放す　④離す　⑤掘る　⑥彫る

Lesson30
文例

　午睡後の自由時間、数人の男の子が園庭の隅で大きなミミズを見つけ、騒いでいた。私も興味
をもち見ていると、一人が土をかけて踏みつけはじめ、もう一人が一生懸命やめさせようとして
いた。そのうち女の子も集まりだし、なかには泣いてしまう子も出てきた。私はどうしてよいか
わからなかったので、近くにいた園児に担任を呼んでくるよう依頼した。担任は、「あらあらミ

ミズさん、みんなと遊びたくて出てきたんだね。でも、もとの場所に帰してあげようね」と言って、ミミズを校庭の隅に埋めてくれた。このような事態への対応方法はいろいろあるだろうが、子どもたちの気持ちを傷つけずにまとめることの大切さを学ぶことができた。

①見る　②診る　③元　④基　⑤読む　⑥詠む

「 ❺ 保育の蘊蓄あれこれ」と 演習 の解答

Lesson14　演習
①○　②×着られる　③×起きられない　④×下りられる　⑤×寝られる　⑥○　⑦×覚えられる　⑧×教えられる

Lesson20　演習
日数１＝９時間20分、日数２＝９時間25分、日数３＝９時間55分、日数４＝９時間20分、日数５＝４時間30分、日数６＝10時間35分、日数７＝９時間35分、日数８＝10時間５分、日数９＝９時間55分、日数10＝10時間25分、日数11＝４時間55分、計＝98時間00分

Lesson22
〈一日の記録〉
1. 遊戯　2. 発達　3. 行動　4. 登園　5. 保護者　6. 挨拶　7. 身支度　8. 援助　9. 運動会　10. 開会式　11. 促す　12. 靴　13. 応援　14. 排泄　15. 水分補給　16. 揃う　17. 手遊び　18. 弾く　19. 麦茶　20. 様子　21. 食器　22. 絵本　23. 戻す　24. 状況　25. 午睡　26. 入眠　27. 背中　28. 握手　29. 報告　30. 玄関
〈今日の実習の振り返り〉
31. 給食　32. 納豆　33. 歯磨き　34. 余裕　35. 準備　36. 頑張れ　37. 籠　38. 弄って　39. 一緒　40. 喜んで　41. 意識　42. 順調　43. 一生懸命　44. 起床後　45. 廊下　46. 凄い　47. 嬉しそう　48. 反響　49. 簡単　50. 反省

【③Let's 名文音読】引用文献

Lesson1　夏目漱石『坊ちゃん』：底本：「ちくま日本文学全集 23　夏目漱石」筑摩書房, 1992. （初出1906.）

Lesson2　島崎藤村『千曲川のスケッチ』新潮文庫, 1955. （初版1912.）

Lesson3　林真理子『葡萄が目にしみる』角川書店, 1986. （初版1984.）

Lesson4　村山由佳『天使の卵 エンジェルス・エッグ』集英社文庫, 1996. （初版1994.）

Lesson5　江戸川乱歩『押絵と旅する男』：底本：「江戸川乱歩全集　第5巻　押絵と旅する男」光文社, 2005. （初出1929.）

Lesson6　横光利一『旅愁　上』講談社, 1998. （初出1937～1946.）

Lesson7　あまんきみこ『車のいろは空のいろ　白いぼうし』ポプラ社, 2005. （初版1968.）

Lesson8　宮沢賢治『注文の多い料理店』新潮文庫, 1990. （初出1924.）

Lesson9　豊島与志雄著, 甘木で文化を語る会編『豊島与志雄童話集』海鳥社, 1990. （初出1925.）

Lesson10　浅田次郎『霧笛荘夜話』角川書店, 2004.

Lesson11　吉田修一『東京湾景』新潮文庫, 2006. （初版2003.）

Lesson12　住野よる『君の膵臓をたべたい』双葉社, 2017. （初版2015.）

Lesson13　山田太一『異人たちとの夏』新潮文庫, 1991. （初版1987.）

Lesson14　大江健三郎『日本の文学 86　奇妙な仕事・死者の奢り』ほるぷ出版, 1985. （初出1957.）

Lesson15　黛まどか『B面の夏』角川書店, 1994.

Lesson16　椎名誠『パタゴニア　あるいは風とタンポポの物語り』集英社文庫, 1994. （初版1987.）

Lesson17　夏目漱石『夢十夜』：底本：「夏目漱石全集 10」筑摩書房, 1988. （初出1908.）

Lesson18　サン＝テグジュペリ, 内藤濯訳『星の王子さま』岩波書店, 1953.

Lesson19　坂元恒太「文化財指定された特攻戦没者の手記」『知覧特攻平和会館紀要 第1号』知覧特攻平和会館, 2019.

Lesson20　中原中也『在りし日の歌』：底本：「中原中也詩集」岩波書店, 1981. （初版1938.）
　　　　　※旧仮名遣いを新仮名遣いに改めました。

Lesson21　堀辰雄『風立ちぬ』：底本：「昭和文学全集　第6巻」小学館, 1988. （初版1938.）

Lesson22　北大路魯山人『魯山人の美食手帖』角川春樹事務所, 2008. （初版1933.）

Lesson23　小池真理子『怪談』集英社文庫, 2017. （初版2014.）

Lesson24　谷崎潤一郎『細雪』新潮文庫, 1955. （初版1943.）

Lesson25　芥川龍之介『魔術』：底本：「芥川龍之介全集 3」筑摩書房, 1986. （初出1920.）

Lesson26　森敦『鳥海山』河出書房新社, 1974.

Lesson27　角野栄子『魔女の宅急便』福音館書店, 1985.

Lesson28　江國香織『東京タワー』マガジンハウス, 2001.

Lesson29　萱野茂『アイヌの昔話―ひとつぶのサッチポロ』平凡社, 1993.

Lesson30　川端康成『現代日本文學大系 52　川端康成集』筑摩書房, 1968.（初版1937.）
　　　　　※旧仮名遣いを新仮名遣いに改めました。

【その他】参考文献

- 青木五郎・武久堅・坪内稔典・浜本純逸監『クリアカラー国語便覧　第二版』数研出版, 2006.
- 石田佐久馬『作文指導の基礎基本とは』東洋館出版社, 1995.
- 岡田芳朗・阿久根末忠編著『現代こよみ読み解き事典』柏書房, 1993.
- 神澤秀明「縄文人の核ゲノムから歴史を読み解く」『生命誌ジャーナル87号』生命誌研究館, 2015.
- かわさきかえるプロジェクト, NPO法人川崎市民石けんプラント監『重曹・石けん・クエン酸―ピカピカそうじ＆洗濯術』日本文芸社, 2007.
- 子どもの生活を考える会編『ルールとマナーを学ぶ　子ども生活図鑑』国土社, 2012.
- 佐々木宏幹・宮田登・山折哲雄監『日本民俗宗教辞典』東京堂出版, 1998.
- 汐見稔幸・無藤隆監『〈平成30年施行〉保育所保育指針 幼稚園教育要領 幼保連携型認定こども園教育・保育要領 解説とポイント』ミネルヴァ書房, 2018.
- 長島和代ほか『わかる・話せる・使える　保育のマナーと言葉』わかば社, 2014.
- 中村弘行『改訂版　文鉄への道　―作文・小論文・自己アピール文―』三恵社, 2017.
- 日本語検定委員会編『ステップアップ　日本語講座　中級』東京書籍, 2010.
- 原田常治『記紀以前の資料による古代日本正史』同志社, 1976.
- 福田アジオほか『知っておきたい日本の年中行事事典』吉川弘文館, 2012.
- フランクリン, 松本慎一・西川正身訳『フランクリン自伝』岩波書店, 1957.
- 水野弘元・中村元・平川彰・玉城康四郎編『仏典解題事典』春秋社, 1977.
- 三好行雄・稲賀敬二・小尾郊一監『新総合国語便覧』第一学習社, 1980.
- 森上史朗・柏女霊峰編『保育用語辞典［第8版］』ミネルヴァ書房, 2015.
- 『今どきの冠婚葬祭―「お付き合い上手」のために（家庭画報特選ムック）』世界文化社, 2003.
- 内閣府ホームページ「教育・保育施設等における重大事故の再発防止策に関する検討会」http://www8.cao.go.jp/shoushi/shinseido/meeting/index.html#kyouiku_hoiku（2018年3月25日アクセス）
- Best Seminar「ただ話を聞くだけではダメ？職場でコミュニケーションを取るときの注意点」http://www.bestseminar.jp/careerup/（2021年1月21日アクセス）
- 家たね「来客時に出す、コーヒー、紅茶、煎茶の淹れ方‼」https://ietane.jp/articles/detail/744（2021年1月19日アクセス）
- Musubuライブラリ「たったこれだけ！コーヒーを出す際のビジネスマナーを解説！」https://library.musubu.in/articles/10939（2021年1月19日アクセス）
- Project Gutenberg Free eBooks「THE BLUE BIRD」https://www.gutenberg.org/files/8606/8606-h/8606-h.htm（2021年9月23日アクセス）
- 寺崎昌男編『教育名言辞典』東京書籍, 1999.

【編集・執筆者一覧】

編著

馬見塚昭久 （まみづか・あきひさ）
小田原短期大学保育学科准教授

大浦賢治 （おおうら・けんじ）
小田原短期大学保育学科准教授

執筆

大浦賢治 ……………………①保育の言葉150、⑤保育の蘊蓄あれこれ（Lesson2, 7, 8, 9, 11,
前掲　　　　　　　　　　　　12, 13, 15, 17, 19, 22, 26, 28, 29）

間野百子 （まの・ももこ）……コラム①〜⑧
小田原短期大学保育学科教授

馬見塚昭久 …………………②言葉のエクササイズ、③Let's 名文音読、④文章作りのトレーニン
前掲　　　　　　　　　　　　グ（指導・選出）、⑤保育の蘊蓄あれこれ（Lesson1, 3, 4, 5, 6,
　　　　　　　　　　　　　　10, 14, 16, 18, 20, 21, 23, 24, 25, 27, 30）、学びを深める座
　　　　　　　　　　　　　　右の言葉

執筆協力

小田原短期大学の学生のみなさん……④文章作りのトレーニング

改訂 保育学生のための基礎学力演習

教養と国語力を伸ばす30Lesson

2021年12月 1 日　初　版　発　行
2024年 3 月20日　初版第 2 刷発行

編　著　　馬見塚昭久・大浦賢治

発行者　　荘村明彦

発行所　　中央法規出版株式会社

　　　　　〒110-0016　東京都台東区台東3-29-1　中央法規ビル

　　　　　TEL　03-6387-3196

　　　　　https://www.chuohoki.co.jp/

印刷・製本　　長野印刷商工株式会社

装丁・本文デザイン　　株式会社タクトデザイン

本文イラスト　　どこ ちゃるこ